Karl Schnellbächer

Über den syntaktischen Gebrauch des Konjunktivs in den Chansons de Geste

Karl Schnellbächer

Über den syntaktischen Gebrauch des Konjunktivs in den Chansons de Geste

ISBN/EAN: 9783744606165

Hergestellt in Europa, USA, Kanada, Australien, Japan

Cover: Foto ©Thomas Meinert / pixelio.de

Weitere Bücher finden Sie auf **www.hansebooks.com**

ÜBER DEN
SYNTACTISCHEN GEBRAUCH DES CONJUNCTIVS

IN DEN

CHANSONS DE GESTE:
HUON DE BORDEAUX, AMIS ET AMILES, JOURDAINS DE BLAIVIES, ALISCANS, AIOL ET MIRABEL UND GARIN LE LOHERAIN.

INAUGURAL-DISSERTATION

ZUR

ERLANGUNG DER DOCTORWÜRDE

BEI DER

PHILOSOPHISCHEN FAKULTÄT

DER

LUDEWIGS-UNIVERSITÄT GIESSEN

EINGEREICHT VON

KARL SCHNELLBÄCHER

AUS EBERSTADT.

DARMSTADT.
G. OTTO'S HOF-BUCHDRUCKEREI,
1891.

G. Otto's Hof-Buchdruckerei in Darmstadt.

Da die bedeutendsten Chansons de geste des 12. und 13. Jahrhunderts bis jetzt meines Wissens noch nicht Gegenstand einer Untersuchung in Bezug auf den syntactischen Gebrauch des Conjunctivs waren, so dürfte es wohl gerechtfertigt sein sich einer solchen Arbeit zu unterziehen, da für die Erforschung der historischen Entwickelung einer Sprache es von Wichtigkeit sein muss, die Sprache der einzelnen Zeitabschnitte genau zu kennen, die Unterschiede und Wandlungen in der Auffassung festzustellen und diese Erscheinungen alle mit einander in Verbindung bringend zusammenfassend darzustellen.

Ich habe mich daher stets bemüht auf ältere, jüngere und gleichzeitige Werke, vor allem Rücksicht auf die neufranz. Syntax zu nehmen.

Was den Plan dieser Untersuchung anlangt, so habe ich mich teils Bischoffs Buch über den Conj. bei Chrestien, teils der Franz. Gram. von Dr. Gustav Lücking angeschlossen.

An Ausgaben und Hilfsmitteln habe ich folgendes benützt:

Huon de Bordeaux } in „Les anciens poètes de la France" p. p. M.
Aliscans } F. Guessard.
Jourdains de Blaivies } hgegeb. von Dr. Conrad Hofmann
Amis et Amiles } Erlangen 1852.
Aiol et Mirabel hgegeb. von Dr. W. Foerster, Heilbr. 1876/82.
Garin le Loherain p. p. P. Paris, Paris 1833/35.
Diez, Gram. d. rom. Spr. 4. Aufl.

Dr. G. Lücking, Franz. Gram. Berlin 1883.
Dr. C. Ploetz, Syntax und Formenlehre der neufrz. Spr. Berlin 1874.
Dr. Fritz Bischoff, Der Conjunctiv bei Chrestien. Halle a. S.
Dr. Albert Haase, Progr. Küstrin 1882.
J. Klapperich, Histor. Entwickl. d. syntact. Verh. der Bedingungssätze im Altfrz. (Frz. Studien III).
Krollick, Der Conj. bei Villehardouin. Greifsw. Dr. Diss.
Nebling, Der Subj bei Joinville. Kiel 1879/80.
Karl Quiehl, Der Gebrach d. Conj. in den ältesten frz. Sprachd. Kiel 1881.
Weissgerber, Der Gebr. d Conj. bei d. Pros. d. 16. Jahrh. (in Z. S. f. nfr. Spr. u. Litt. VII u. VIII).

BERICHTIGUNGEN.

Seite 15, Zeile 17 von oben lies „lour" statt „bur".
„ 17, „ 8 von unten „ „Ains" „ „Amis".
„ 20, „ 2 „ „ „ „son" „ „sou".
„ 37, „ 12 „ oben „ „ausgedrückt".
„ 42, „ 9 „ unten „ „... te faut et dou..."
„ 43, „ 7 „ „ „ „p. 54" statt „p 30".

A.
DER CONJUNCTIV IN HAUPTSÄTZEN

umfasst den Conjunctiv in unabhängigen Wunschsätzen im weitesten Sinne d. h. in eigentlichen Wunschsätzen, dann in Sätzen, die eine Bitte, Aufforderung, einen Befehl — eine Einräumung, ein Zugeständnis ausdrücken, ferner in unabhängigen Sätzen, die eine Annahme enthalten. Selten erscheint der Conj. in der 1. u. 2. sg. u. pl., häufiger in der 3. sg. u. pl. Meist zeigt er sich noch ohne einleitendes que, das sich indessen in Verbindung mit der 3. sg. u. 2. pl. conj. praes. in Wunschsätzen, weniger häufig in Befehlssätzen findet, während das Neufrz. fast überall que verlangt.

I. DER CONJUNCTIV ZUM AUSDRUCK DES WUNSCHES.

Der Conj. des Praes. bezeichnet einen erfüllbaren, der Conj. des Impf. einen unerfüllbaren Wunsch.

a) Der Conj. des Praesens: α) ohne einleitendes que.

Die 1. sg. findet sich selten z. B.: Aiol 2271: Damelde, sire peres, grcs et merchis Vous en puisse jou rendre a uo plaisir Que de chest grant pichie m'aues gari. Alisc. 1156: Se dou tort fait ne vos fas repentir, Jamais roiaume ne puisse jou tenir, Mais se ten Dieu voloies relenquir ... — vgl. weitere Beispiele aus den ältesten Denkmälern bei Quiehl p. 9. — Die 2. sg. findet sich häufiger (ebenso wie 2. pl.). Es sind dies die stereotypen Redewendungen, mit welchen man einem Ankommenden oder Schei-

1

denden Gutes oder Böses wünscht: HdB. 75,18: Biax nies, dist il, tu soies bien trovés. 127,15. 163,10. 181,16. 106,10: Hues, biaus frere, tu soies bien venu! — 189,14: Traitres, leres, tu soies vergondés! 12,20: Dix, dist la dame, tu soies grasiies! 14,20. 193,8: Dix, ce dist Hues, tant soies sourés! 302,18. 215,31: Mit dem Hilfsverb des Wunsches pooir: He, Mahom sire, tu ,le puisses tuer! — 2. pl. HdB. 9,28: Sire, dist Nales, c. mercis en aiies. 154,17: J'arai l'anel, vous en aies maugré 278,21 — 81,18: Damoisiax sire, vous soiies bien trovés! 82,6. 98,2. 104,18. 118,22. 134,44. 198,27. 243,26. 255,17,18. 259,17. 266,32. — 112,2: A Damediu soiiés vous commandés. Aiol 315: Ch'arcs mon, dist Aiols, uos les rares. De chou soies uous tous raseures. Am. 447: Il voz het moult, ce saichiez voz de fi! 534. 2492. HdB. 11.25 Segnor, dist ele, en non Diu bien vignies! 13,34. 124,32. — Gar. 145,18: Il li escrie: Bion veigniez vous cosins! — Das Hilfsverb pooir steht: HdB. 22,15: Si m'aït Dieus, bien puisiés vous venir. — Gar. 52,10. 56,12. 153,8. Die 3. sg. ist durch eine sehr grosse Zahl Beispiele zu belegen: HdB. 12,27: Jhesus de glore de vostre ame ait pitié! 82,11. 93,9. 183,29. 237,2. 251,8. 258,12. — 216,23. 235,13. 250,26. — 177,16. — Am. 764. 1883. 2584. — Gar. 109,6. 132,11. Alisc. 790. 2399. HdB. 13,11: Et Damedix en soit hui grasiiés. 22,33. 27,32. 180,5. 191,7. — 43,32: . . . Honnis soit Karles, li rois de Saint Denis. vgl. 48,6, wo der Wunschsatz relativisch angeknüpft ist. — 213,7. — 88,25,31. — 131,11: Mal soit de l'eure le col n'a desnoé! — 224,25. 226,33. — Am. 779: Mal soit de cel qui li feïst ostaige. 1059. Jord. 176. 277. 1749. 1772. 2990. 4208. Alisc. 303. 2396. Aiol 1267: A damelde de gloire soit commandes Tes cors. vgl. die im mittelhd. ebenso übliche Umschreibung Nibelungen 69,2: er tröste minneclîchen dô ir beider lîp (= Beide). — 1277. 1509. — HdB. 18,22: Dix les conduie qui en crois fut dreciés! 19,15. 50,23. 180,1,3,15. 203.8. - Jord. 964 (conduise). — 1138. 2133. HdB. 30.1: Dix le confonde, li rois de paradis! 31,18. 99,31. 129,14. 162,33. 188,31. 209,19. Jord 111. 126. Gar. 14,3. 27,14. Aiol 765. Jord. 994: La male fiamme t'arde 1008. HdB. 235,4 (envoit). Am. 1324. Jord. 239. 1750. HdB. 75,9: Dist l'apostoles: Dix te croisse bonté! Gar. 75,7. HdB. 21,16: Damedix doinst que Karlot soit ocis. 48,16. 124,18 vgl. 16,15. Am. 151. 417. Aiol. 524. Gar. 145,6. Am. 2571 (pardoingne). Jord. 1282. Aiol 976: Dameldieus uous pardoinst tous uos piciés! 2774. 2934. Gar. 52,5: Cis les destruie qui confondit Cain! 97,1 HdB. 8.32: Che fu lour peres, Dix lor face pitié! 48,17. 81,7. 127,12. 184,4. 254,15 (fache). 75,13. 216,15. Am. 1526. 2212. Jord. 2217. — Gar. 44,16. 45,18. 109,21. 112,6. Aiol 121. HdB. 45,26: Cil te garisse qui ens la crois fu mis, Et il te laist à joie revenir. — Alisc. 2546: Sire, dist l'ostes, Diex vos laist bien aler! Jord. 1286 (garisse). — Aiol 502. HdB. 11,20: Il saut et gart la ducoise al vis fier. 31,15. 80,14. 80,24. 181,7. 247,2. Am. 2484. Aiol 722. 1386. 1546 (saut, benie).

1735,37. Am. 2189 (honisse). Aiol 1145: Amis, dieus te consaut par sa pitié! 1386. Gar. 23,4. HdB. 82,31: Diex le maudie, li rois de maisté! 152,29. 176,3 vgl. 274,23. — Jord. 186. 761. 770. 793. 1660. 2759. — Aiol 211. 460: ... Dameldieus le uous mire, quant ie l'arai. 1011. 1070. 1119. 1609. 1692. — HdB. 19,10: Ne place Dieu, ce respont Huelins, Que jamais voie Bordele le grant cit . . . — 25,34. 29,2. Am. 396. Aiol 594. 1437 (plache). — Jord. 1876 (preingne), 2721. Alisc. 384. (prenge) 2437: Por Dieu, signor, prenge vos ent pité. Gar. 45,2: Et dit la dame: Diex en penst, biaus amis! — Alisc. 101. Beachtenswert ist der rasche Übergang zum Modus der Aussage in Jord. 978: Là où Fromons serra jà à sa table, L'anfes li doinst une coulée large, Tout le porfande enfresci qu'ens espaules, Puis revenra... — Aiol 1659: Dameldex uous porucie ... — HdB. 276,31: Et Dix li rende ceste grant cruauté. 260,34 (renge). — Jord. 2350 (rande). 2365. HdB. 72,5: Sire, dist l'enfes, Dix vous en sace gré. 84,3. 86,25. 110,12. 120,12. 135,6. 158,1. 256,27. 75,8: Il vous soustiegne en bien et en sante! — 50,14: Dieu en soviegne! — 53,34. — Alisc. 575. 972. Aiol 2865: Cil dameldex de gloire, qui fu et iert, Trameche a icelui mal encombrier! Alisc. 1898. HdB. 81,19: Dist Huelins: Dix vous veule onnorer. 115,4. Aiol 2912: As diables uoist hui uostre destriers! (l. mit Förster „destriers" für handschriftl. drechiers). Aiol 2180: (li rois chelestres) Vous merisse les biens que uous me fetes! (l. merisse statt merite, wie v. 3510.). — Der Wunsch wird oft wie im Neufrz. durch das Hilfsverb des Wunsches pooir eingeleitet: HdB. 22,1: Sire, dist Hues, Dix le vous puist merir. 25,9. 26,30. 29,17. 30,17. 31,34. 33,5. 42,8. 64,32. 94,21. 104,19. 144,6. 149,17. 244,10. 259,19. 115,27. 118,15. 120,17. 194,17. 218,22. 225,3. Am 107. 1440. — Jord. 1713. 4031. 4064. — Gar. 12,1. 107,14. 108,19. Alisc. 183. 1007. — Als explicativer Relativsatz ist der Wunschsatz öfter angeknüpft: HdB. 50,16: L'enfes i monte, que Jhesus soit amis. 91,7: Le cors coururent apres moi aportant Li traïtor qui li cors Diu cravant. 120,17. 138,25,31. 188,5. 275,27. 277,23. Jord. 34: Fromons a non cui Dex doinst encombrier. 232. 271. 330. 607. 1101. 1607. 1750. Am. 289. 341. 355. Alisc. 96. 105. 630. — Aiol. 47. 325. 1281. 1821. Gar. 27,2. 98.5: La est nos sires, cui Diex croisse bonté. — Der Wunschsatz bildet den Folgesatz eines hypoth. Satzgefüges und bezeichnet oft eine bedingte Selbstverwünschung mit dem Sinne einer Beteuerung, eine Verwünschung oder einen Glückwunsch: HdB. 114,21: Diex me maudie se ne l'asaie ja. 148,29. 194,20. — Am. 417: Ja dammeldex bonne arme ne me donst, Se voz n'i fustez mene par traïson. Alisc. 415: S'il ot paor, nus n'en soit mervillant. Aiol 765: Dameldieus me confonge, li uoirs sauere, Se ia de lor auoir en porc denrée! — Die Bedingung ist durch quant eingeleitet: Aiol

460: .... Dameldieus le uous mire, quant ie l'arai. — Ein Relativsatz enthält die Bedingung: HdB. 102,4: Honnis soit chil ki en ara pité. 125,31: Qui tort ara, se le voist amender. 114,30: Corne, biaus nies, bien ait qui t'engerra! 165,14. 286,11. 164,14: Oevre le porte, mal ait qui t'engerra! Am. 778: Mal soit de cel qui li feïst ostaige. — Die 2. pl. findet sich in derselben Verwendung wie die 2. sg.: HdB. 9,28: Sire, dist Nales, .c. merois en aiiés. 11,25: Segnor, dist ele, en non Diu, bien vignies! 13,34. 124,32. 22,15: mit pooir: Si m'aït Dieus, bien puisiés vous venir. — 81,18: Damoisiax sire, vous soiies bien trovés! 82,6. 98,2. 104,18. 118,22. 134,34. 198,27. 243,26. 255,17,18. 259,18. 266,32. — 112,2: A Damediu soiies vous commandés. 154,17: J'arai l'anel, vous en aiés maugré. 278,21. Am. 447: Il voz het moult, ce saichiez voz de fi. — 534. 2492. Aiol 315: Ch'ares mon, dist Aiols, uos les rares, De chou soies uous tous raseures. Gar. 52,10: Li rois meismes à l'encontre li vint Qui li escrie: Bien puissiez vos venir! 56,12. 153,8. 145,18: Bien veigniez vous cosins: — 3. pl.: HdB. 296,24: ... Si soient frere et boin carnel ami. — Alisc 1751: A vis deables soient il commandez! — Gar. 40,5: Mort trebuche, malgré en aient il. — 89,13: O vous remaignent li viel et li flori. — Vgl. Quiehl p. 9. Bisch. p. 5. Kroll. p. 39. Nebl. p. 4.

β) Der Conj. mit se, si: 1. Das conditionale se (si) mit regelmässiger Wortfolge mit dem Sinne einer Beteuerung oder feierlichen Aufforderung (Diez III⁴. 357), eine sehr gebräuchliche Construction, die Bischoff (p. 10 β) durch Vermengung zweier Wunschsatzconstructionen erklärt. Sie findet sich bereits im Roman de Rou (vgl. Klapp. p. 54), wurde später mit den mit vergleichendem si (nfr. ainsi) beginnenden Beteuerungsformeln vermengt und scheint im 16. Jahrh. nicht mehr vorzukommen (vgl. Weissgerber, Z. S. f. nfr. Spr. u. Litt. VII. 245). — Vgl. Bisch. p. 10. — Nebl. p. 5. — Kroll. p.   . HdB. 106,15: Car le me di, se t'ame ait ja salu. — 229,17: Parole à moi, se t'ame ait ja pité. — 164,5: Mais saciés bien, se Dix me doinst santé, Ma cançon tost vous ferai definer. Am. 297: Sire Hardré, se Dex voz beneie, Par cui conduit venez en ceste ville? — 1910. 2167. 2288. 2337. 2340. 2395. 2167: Se Dex m'aït li glorioz li peres, Ne'l voil par moi destruire. Jord. 45. 483. 1304. Alisc. 1122: Mais se ja m'ame ait de Mahon salu Ne mangerai ne nen aurai béu Tres ke je t'ai ou mort ou recreu. Aiol 650: N'en puis nient, dist Aiols, se dieus m'aït! — 1559. 1637: . . . se dieus me puist aidier. 2799. — In indirecter Rede, daher im Conj. impf.: Joinv. 562 (Nebling p. 5).

2. **Das vergleichende si = lat.** sic (= ita) mit Inversion, eine Ausdrucksweise, die sich sehr oft nur durch diese Inversion von der soeben besprochenen unterscheidet: dem Sinne nach besteht kein Unterschied, wie folgende Stellen beweisen. Am. 1911: Si Dex m'aït, mauvaistie ai pansé und 1040: Si m'ait Dex, voz iestez fox prouvéz. Beide Ausdrucksweisen schliessen eine Beteuerung ein. — Doch haben wir es hier mit einer Vergleichung zu thun, deren zweites Glied entweder durch com, que oder überhaupt nicht besonders äusserlich kenntlich ist. Dieselbe Erscheinung bietet auch das Lat.: Ita velim mihi deos propitios (ita me di ament), ut hac cogitatione non solum commoveor animo sed etiam toto corpore perhorresco und Sollicitat, ita vivam, me tua valetudo. Vgl. Ellendt-Seyffert, lat. Gr. § 249 Anm. und § 278 Anm. 4. — Die spätere Sprache, auch die des 16. Jahrh. drückt diese Vergleichung durch ainsi — que aus z. B. ainsi Dieu me soit en aide, que je ne mens pas. (Lücking § 522a). — Z. B.: HdB. 50,26: Si vraiement com je sai tout de fi Que tu n'as coupes en çou c'on t'a sus mis, Si te gart Dix que n'i soies maumis. Am. 1426: Si m'aït Dex et li saint qui sont ci Qu'o Belissant ne couchai ne dormi, Sa blanche char nu à nu ne senti, Se Dex me laist de cest champ issir vif . . . . . Im letzteren Beispiel finden beide Beteuerungsformeln zugleich Anwendung. — HdB. 111,12: Le te donrai, si aie jou santé. 10,23: Et s'il n'i vienent, se me soit Dix edant, Jou les ferai coreciés et dolant. 34,15. 37,4. 89,33. 90,29. — 29,24: Tant vous donrai, si me soit Diex aidis, Que tous jours mais en serés raemplis. 43,1. 23,1: Asés deves, si me soit Dix amis, Car vostres peres .III. castiax me toli. 39,13: Ce seroit mourdres, si me soit Dix amis. — 7,15: Si m'aït Dix, tu tenras si franc fief Com Damedix qni tot puet justicier, Tient paradis. . . . — 20,18. 22,5. 33,25. 39,3. 40,9. 52,15 57,23. 63,9,13. 67,15. — 281,19: Jou sai moult bien, si ait m'ame pardon, Je vous dirai une tele raison Dont dolant erent li per de vo maison . . . 282,11. 296,30. — 4,2: Quant l'engerrai, se me puist Dix edier, .C. ans avoie, de vreté le saciés. — 5,34 8,4. 12,1. 13,5. 26,23. 99,31. — 51,31: Je vous di bien, se me puist Dix salver, Je les vaurai hors de la loi jeter. . . — 68,20. 69,32. 71,17,25. 72,21. 76,9. 77,1. 91,17. 96,8. Am. 823: Si m'aït Dex, je le savoie assez. 155. 280. 1436. Alisc. 509: Si m'aïst Dex, n'en dois estre blasmez Quar tote jor moult bien servi m'avez. 524. Aiol 2176: Si m'aït dieus del ciel, ie sui pucele, Si n'euc onques ami en nule tore.

γ) Der durch or, car verstärkte Conj. (Diez .III. 214). Eine ähnliche Funktion erfüllt im Lat. beim Conj. optativus die Partikel utinam. Für or giebt Quiehl (p. 12) 3 Belege aus d. Ch. de Rol., für car mit Conj.: Alexis 46 ab. Aus den hier untersuchten Werken ergeben sich für or und Conj.: HdB. 72,26: . . . .XI. barons en a o lui menes, Il fu (Huon) dousimes; or le puist Dix salver. 90,1: . .or me soit Dix edant. 141,5: Or le conduie Jhesus li raemant. 169,9: Or face Dieus de moi sa volenté. 285,31: Or puist Huon bien Damedix edier. Am. 2549: Or voist si vende les hermins pelisons. . . 3326: Baron, dist il, or ne voz poist por De D'une parole que je ja voz diré. Jord. 1012: Or gart Jordain li peres esperitables. . . 2245. 2787. 3142. Aiol 658: Or doinst que . . . . 9774. Alisc. 649. 963. 1566. 2844: Or m'otroit Diex la soie destinée ke. Gar. 18,11: Or nos puist Diex aidier! 78,4. — Or begleitet indessen auch den Modus der directen Aufforderung, den Imp.: Am. 738: Or les faites mander. 3448: Or la prennez chevalier et serjant, Si l'an menez tost et isnellement . . . — Jord. 99 usw. — Car mit dem Conj. (meist Conj. impf.). HdB. 147,30: . . . Car fust or chi Karlemaines li ber, Nus et descaus et s'espee à son lés Si verroit jà ù je doi asanler! 197,27: Et car vous prenge de vostre ame pité. . . . . — 230,24: Car pleust ore à Mahommet, mon Dé, Que il fust ore sor mon ceval monté. 247,27: Car vous soviegne de la grande bonté. . . . Jord 413: Car pleust Deu qui forma tout le mont Que je volaisse ausiz com uns fauçons De ceste chartre . . . 632. 1560. 2812. Aiol 2588: Car fust chi Hageneus, li eniurós, Et Hersent sa mollier al uentre lé. — 109 findet sich der Conj. durch mais verstärkt: Mais pleust ore a dieu l'esperitable Que uous fuissies en France a Paris u a Chartres. Alisc. 1837: Car fuise jou or morte et enterée! — Auch hier bieten sich Stellen mit dem Imp.: Am. 466: Seignor, dist il, car celez ma grant honte. 423. - 830: Mere, dist ele, car l'en laissons aler. — 2525. 2533. Jord. 69. 604. Alisc. 124: car me venez aidier. 145. 653. Aiol 117. 681. Gar. 79,2: car i alons . . . . .

δ) Der Gebrauch des den Wunsch einleitenden que, das zuerst in den Ges. Wilh. d. Erob. nachgewiesen (vgl. Quiehl p. 11), ist noch ziemlich beschränkt: meistens steht es in Verbindung mit der 3. sg. — HdB. 1,1: Segnour, oiiés, ke Jhesus bien vous fache, Li glorieus ki nous fist a s'ymage! 2,3: Segnour, oiiés, que Diex vous puist aidier! 130.33: Ferés, baron, que Dix vous puist sauver, sour cele gent que je ne puis amer. 21,15: Laissons l'aler, segnor, dist Amauris, Que male honte li puist hui avenir! 30,28: Mais cevauciés, que Dix vous soit amis! 50,10:

Or tost el camp, que n'i ait terme mis. .... — 130.13: Que beneois soit qui tost s'adoubera. — 242,8: Or en alons; que bien soiés trové Car de la dame estes moult desiré — eine Begrüssungsformel, die meist ohne que verwendet wird, z. B. 243,26. 255,17. usw. Am. 2. Or entendez, seignor, gentil baron, Que Deus de gloire voz face vrai pardon. 853: Oiez seignor! que Dex grant bien voz donst. 919. 2175: Quant voz morrez, que vostre arme soit salve. Jord. 1: .. Oiez, seignor, que Dex voz beneïe. 109. 829. 1515. 1761. Aiol 1: Signor, or escoutes, que dieus vous soit amis ... 74 (bien vous face). 2755: Car me laisies en pais, putains sorchieres, Que Jesus uous confonge, li droiturieres! Gar. 21,17: Chevauches, Sire, que Diex te soit garans. 25,4.

b) Der Conj. des Impf. drückt teils einen unerfüllbaren, teils, seinem Ursprung gemäss, einen unerfüllten Wunsch aus und ist meist mit car verbunden. Die 3. sg. findet sich am häufigsten. — HdB. 147,30: Hé, sire Diex, dist Hues li membrés Car fust or chi Karlemaines li ber, Nus et descaus et s'espee à son lés, Si verroit jà ù je doi asanler. 230,24: Dist l'àmirés: Il est plains de fierté, Car pleust ore a Mahommet, mon De, Que il fust ore sor mon ceval monté. Jord. 413: Car pleust Deu, qui forma tout le mont, Que je volaisse ausiz com uns faucons ... 632. 1504 (ohne car). 1560 (oar éust). 2812 (Car fuisse je). Aiol 109: Mais pleust ore a dieu l'esperitable Que uous fuissies en France ... 2588: Car fust chi Hageneus. Alisc. 1837: Car fuise jou or morte et enterée. 2865. 2873. 2889. — Ein Ausdruck des Wünschens bzw. Aufforderns ist wohl zu ergänzen: Jord. 1762: Et s'uns baisiers voz venoit a talant Se'l preissiez .... (se = so) und 2360: Lez un monstier me faites un hostel .... Et pain et eve m'i feïssiez donner. Ebenso Am. 2641, wo man etwa je voz voldroie proier (vgl. 2630) hinzudenken kann. — Der Conj. mit que steht, wenn man nicht lieber statt C'or „car" lesen will, wie es sich HdB. 147,30. 230,24. findet, HdB. 156,6: C'or fust il ore à Paris le chite. — Eine Art Conj. hortativus der Vergangenheit wie lat. pateretur, restitisses = er hätte dulden, du hättest Widerstand leisten sollen (müssen) (vgl. Seyffert lat. Gr. § 230 Anm.) findet sich bisweilen angewendet bei dem Hilfsverb devoir: HdB. 12,14: Nostre mere estes, de vrete le sacies, Si deussies vos enfant consillier. 189,8. 291,15 Am. 254. Aiol 1102: Ancois le deusies o uous mener ... Gar. 80,18: Vous deussiez a vos barons parler... Ebenso steht die 3. Person: Am. 160: Bien voz deust conduire. Jord. 682: Li fiz Girart dust or iestre tuez .... 685. — Alisc. 2581. Aiol 2644. Nicht hierher gehört der durch die indirecte Rede veranlasste Conj.

impf. z. B. Villeh. LX. 270: Et l'empereres Alexis respondi que bien fust il venuz come ses fils..., der in directer Rede „bien soiez vous venuz!" (vgl. Percev. 9666) lauten würde, also nicht aus der Natur des Verbs respondre zu erklären ist. Ebenso Joinv. 244 und 562: Et il me dist que (si Diex li aidast) que la porte que li pans li avoient bien ooustei trente mille livres. (Kroll. p. 9 u. Nebl. p. 11). Der Conj. des Wunsches findet sich in der 1. sg. selten, häufiger in der 2. sg. und pl. zum Ausdruck einer Verwünschung oder eines Segenswunsches (vgl. d. mittelhd. „ir sît uns willekomen", Hartmann 6107), womit man jemand empfängt oder entlässt. Den breitesten Raum aber nimmt die 3. sg. ein. Nach einleitendem que, das noch ziemlich spärlich auftritt, folgt die regelmässige Wortstellung, während im anderen Falle die Inversion gestattet ist. Im Nfr. findet sich der Conj. des Wunsches ohne que nur noch vereinzelt und zwar mit Inversion oder mit regelmässiger Wortstellung, fast nur noch in den 3. Personen. Sonst leitet das Nfr. den Wunschsatz mit que ein. Vgl. Lücking § 307. Ploetz p. 188.

II. DER CONJUNCTIV ZUM AUSDRUCK EINER BITTE, EINER AUFFORDERUNG, EINES BEFEHLS.

α) Der Conj. ohne que. Die 1. sg. d. h. eine Selbstaufforderung scheint sich in den hier untersuchten Werken nicht zu finden, ebenso die 1. pl. Vgl. jedoch Rol. 492 usw. bei Quiehl p. 9. Lyon 1080 und 5888 bei Bisch. p. 16 § 2b., ferner Joinv. 850 (Nebl. p. 4). Die 2. sg. und pl. ist wie im Lat. durch den Imp. ersetzt; der Conj. ist jedoch noch in einigen wenigen Stellen bei HdB. erhalten (vgl. auch Lyon 1715. Bisch. p. 14), ferner noch bei Verben, die keinen eigentlichen Imp. besitzen: avoir, estre, savoir. Z. B. HdB. 7,13: Fiex, vien avant, n'aies soing d'atargier. 197,27: Et car vous prenge de vostre ame pité Si croi en Dieu, le roi de maiste et lai Mahom.... — 160,10: Mais or fai et soies apresté. — Ebenso ist auch die 1. pl. durch den Imp. ersetzt (HdB. 19,14: cevauçons. 19,8: ralons. 28,23. 242,8. 296,18: faisons le bien. Jord. 460. 487. usw.), während die 2. pl. oft nicht vom Imp. zu unterscheiden ist. Sicher dagegen ist der Conj. in HdB. 120,24: Aval ces rues tot

courant en alés, Et si facies trestot partout crier Que..... — 226,22.
282,29. 71,20: Et se volés eskiever ce torment, Dont vous faciés batiser
erroment Si recevés le bautesme avenant. Die 3. pl. fiudet sich
HdB. 246,13: Se les pues prendre, si soient trainé. Am. 3250: A la
cort voisent et estrainge et privé Et povre et riche... Auch hier ist
die 3. sg. bedeutend zahlreicher vertreten: HdB. 62,12: Canque
j'ai fait de bien puisque nasqui, En jours juner et en haire vestir, En
tous les biens que j'ai fait desques ci, Si me soit hui, biaus dos peres,
meri. 101,28: Sire, por Dieu, prenge vous ent pité! 308,13. 176,8. 197,24.
247,27: Car vous soviegne de la grande bonté, Que je vous fis....
125,32: Qui tort ara, se le voist amender. Am. 732: Rois fait la ardoir,
la poudre en soit ventée. 1402: Qui vaincus iert, pendus soit le matin...
1751. 2886: ... Me soit de voz la parole jehie Par quoi aiez santé et
aïe. Jord. 300: Se tant vit l'anfes que il port ses conrois, Fromont
dechast et ocie à besloi. 1876: Sains esperis, preigne voz en pitiés,
Voz soiez hui en mon cors harbergiez. Alisc. 2383: Contre moi vigne
et ses rices barnés. — Es sind hier noch die Verba aufzuführen,
deren Conj. die Stelle des Imp. vertritt: 1. Estre: soies:
HdB. 30,28: Biax niés, dist l'abes, ne soies esmaris, Mais cevauciés.
33,14. 160,10: Mais or fai et soies apresté.... — Jord. 1724. 1760.
1773. Aiol 326: Biaus fieus, or soies sages et de cler sens. soiez:
HdB. 18,10: Donnes du vostre as povres volentiers, Soiiés courtois et
larges vivendiers, Si serés plus amés et tenus chiers. 20,18. 99,16.
44,33: Prendes errant .C. chevaliers armés Et vous meismes soiiés bien
aprestés... 99,12: Je vous di bien aséur ne soiiés. Am. 700. 807 usw.
— Jord. 310. 1234. usw. Alisc. 1903: Por ne soiés ne fous ni esbahis.
soions: Aiol 1959: Soions aseure, ioiant et lie, Ne caut mais un des
nos a esmaier, Tout auons de nouel regaaingie. — 2. Avoir: aies:
HdB. 13,21: ... Si n'aies cure de malvais losengier. 7,24: Fiex, n'aies
cure de traïtor lanier. 229,24: Si je suis povre, ne m'aies en vieutés.
aiez: HdB. 261,20: Mais cevauciés, n'aiés soing d'arester 7,13. 13,3. 23,19:
Por l'amor Dieu, aiiés de moi merchi 63,12. 79,17. 135,17. 206,3. 247,10.
285,15. Am. 1031 usw. Jord 56. 82. 697 (car en aiéz) 2032. 2744.
3945. — Aiol 169: N'aiés cure d'autrui feme enamer — 3. Savoir:
saches: HdB. 111,26: ... Et bien le saches en droite loiauté usw.
sachiez: HdB. 1,9: Sachiés k'il fu fieus Juliien Cesare. 2,11: ... Et
s'ert faés, de vreté le sachiés. 4,3 (saciés). 7,1,8. 8,28. 9,30. 13,1.
27,30. 95,22. 119,32. 122,12. 141,7. 260,8,9 usw. Am. 534 usw. Jord.
272. 865. 873. 1485

β) Der Conj. mit einleitendem que findet
sich selten: HdB. 63,26: Hé, gentis hons, et car pensés de mi,
Et c'or te prenge et manaide et merchi! 294,6: Sire, dist Nales, por
Diu_de maisté, Et c'or vous prenge de Huelin pité C'or findet sich

noch 156,6 (Diez III. 214 Anm.). 150,1: Mais or mo di, desour ta loiaute, Et sour le loi que tu as à garder, Que tu me dies qués hom t'a engerré. — Biswcilen ist que mit mais (= mais que) verbunden: der Befehlssatz nimmt den Sinn eines Bedingungssatzes an: HdB. 192,9: Bien le ferai par convenent itel, Mais que faciés mon hanap raporter.... 245,20: Se j'ai mesfait je le veul amender. .. Mais que m'aidies les larrons à tuer.. Jord. 3930: Si lor premet avoir et richetéz Mais que Jordains ne soit pas eschapez. — Der Conj. zur Bezeichnung einer Bitte, Aufforderung oder eines Befehls findet sich also noch selten mit que verbunden, während auch hier im Nfr. que vorherrscht. (Lücking § 308).

III. DER CONJUNCTIV BEZEICHNET EINE EINRÄUMUNG, EIN ZUGESTÄNDNIS.

α) Der Conj. alleinstehend: HdB. 116,6: Mais or sai bien que çou est verités, Gentis hons sire, merci, por l'amor Dé! vés ohi m'espée; le cief aie copé. — 223,32: „Or soit as trais", dist la dame al vis cler. — 44,16: Dist l'empereres: Or soit à vo plaisir. — 80,6: Signor, dist Hues, si soit con vous plaira. - 88,5: Dix vous pardoint içou que fait m'avés. 116,8. 167,30. 224,31: Voiss'ent vo file es cambres reposer, Et jou irai servir mon menestrel. 169,8: Or face Dieus de moi sa volenté. 282,29. 288,20. 293,8. Am. 2570: Laissiez les fols, certez ne sevent mieuz, Dammeldex lor pardoingne 2549: Or voist, si vende les hermins pelisons 265. Jord. 1576. 3540: A demain soit sans plus de demorer. Alisc. 384. 1116. 2918. Aiol 126: Voist Aiols à Orliens la cit garnie Al fort roi Loeys. — Dieser Conj. des Zugeständnisses dient auch, wie noch heute im Nfr. (Lücking § 310. Anm. 1), zur Bildung von Alternativen z. B. veule ou non, welches schon Alexis. 116. d. vorkommt (Quiehl p. 13): Alisc. 1116: Et se vos ai de noient irascu, Droit vos ferai de ma main, nu à nu, Soit à juise ou en aige ou en fu, K'en Alischans ai plus de vous perdu. HdB. 223,8: Moi le convient, u veule u non, gréer. 248,23: Veulent u non Sarrasin et Escler, Ont il rescous le gentil menestrel. Gar. 30,11: „Or le m'estuet, voille ou non, assaillir. Das Impf. findet sich, wenn es sich um Vergangenes handelt: HdB. 58,20: Mais Huelins est tant fort estoné Que de l'angoisse le convint canceler, Vausist u nom, s'agenoilla u pré. 173,7 : Vausist u non, l'ont à tere versé. Alisc. 379: Viviens chiet, ou il vausist ou non.

β) Der Conj. ist von dem Adv. tant begleitet (Diez III. 363): HdB. 218,28: Nel me veut rendre, tant li sace mander.

141,17. Jord. 297: ... Tant no vos saiohe graeillier ne ardoir. Aliso. 16: Ainc tant n'en vit nus hom tant soit vivans. Aiol 984: ... Tant soit iouenes et fors ... 1091. HdB. 32,23: Je ne sai homme de Rains desc'à Paris, Tant soit haus hons ne tant soit mes amis, Se jou le puis ne trover ne tenir, Que ne le face de male mort morir. 45,15. 59,15,16. 106,25. 166,9. 169,34. Aliso. 2702: N'i a celui, tant ait le cuer vaillant, Por lui aidier en ost passer avant. Der Concessivsatz ist relativisch angeknüpft: HdB. 166,2: Il n'est nus hom qui de mere soit nés, Qui tant soit vieus ne quenus ne mellés, Que se il puet el ruis ses mains laver, Que lues ne soit meschins et bacelers. 37,2. — Diese Verbindung von tant mit dem Conj. steht im Sinne einer Bedingung, wie auch noch der einzige Überrest dieses Gebrauchs, tant soit peu, beweist. Über die ähnliche Verwendung von si vgl. Bisch. p. 23. Das im Nfr. übliche einleitende que scheint bei unseren Gedichten noch nicht angewendet zu sein. (Lücking § 310).

IV. DER CONJUNCTIV BEZEICHNET EINE ANNAHME.

Er steht auch im Sinne einer Bedingung, wie im Nfr., wo er jedoch in diesem Falle mit que verbunden ist. (Lücking § 309). HdB. 134,6: Q'esse, dist il, ore i soient maufé. Atendrai tant qe je serai tués? Je cornerai, qui k'en doie peser. — Dieser Conj. findet sich aber auch im 2. Glied hypoth. Sätze, wie wir später sehen werden. Oft steht der Folgesatz allein, da die Bedingung leicht zu ergänzen ist, z. B. Am. 3240: La po'ïssiez trop grant feste esgarder ... 1524: Miex fust, par Deu, que je fuisse fondue, Arse en un feu ou à coutiaus fandue. Jord. 825 usw. — Er dient ferner noch zum Ausdruck einer bescheidenen Behauptung wie noch im nfr. que je sache, je ne sache (lat. quod sciam): Lücking § 309. Ploetz p. 187. Unsere Denkmäler, wie auch Crestien und Villeh. geben uns keine Beispiele für das Vorkommen des Conj. der Annahme mit que. Dagegen bietet Joinv. zwei Beispiele: 594. 662 (Nebling p. 5). Bei 805 ist der vorausgehende Conj. der Annahme durch das Object ce wieder aufgenommen, wie sich das Nfr. des Subjects ce (cela) oder des Objects le bedient. (Lücking § 309 Anm. 2).

B.
DER CONJUNCTIV IN NEBENSÄTZEN.

Wie im Hauptsatz, so drückt auch im Nebensatz der Conj. einen Wunsch, eine Bitte (Aufforderung, einen Befehl), eine Einräumung oder eine Annahme aus.

I. DER CONJUNCTIV IM RELATIVSATZE.

Der Relativsatz im Conj. drückt eine gewünschte, geforderte usw. Eigenschaft (Merkmal) des Wesens, auf das er sich bezieht, aus. In dieser Anschauung stimmt das Nfr. im Wesentlichen mit der älteren Sprache überein.

A. DER RELATIVSATZ IM CONJ. BEKUNDET SICH ALS GEWÜNSCHTES, GEFORDERTES MERKMAL

Diesen Rel. Sätzen geht gewöhnlich ein Imp., ein Verb des Wollens, Strebens oder ein ähnlicher Ausdruck voran. Vgl. Quiehl p. 24. Bisch. p. 82. Kroll. p. 25. Nebl. p. 15. Haase p. 3 und für das Nfr. Lücking § 313. Z. B. HdB. 3,10: ...Faites .I. roi, je vous en veul proier, Qui tiegne France.. 3,27. 71,4: ..Que il m'envoit .M. espreviers mués... Et .M. puceles qui aient grant biautés. Am. 265: ...Aient en don quatre chastiax en fiés Ou tex contez qui facent à prisier. Jord. 917: Seignor querrai, qui m'aït à vengier La grant honte ma damme. 1325. 1705. 2569. 2407: Je te commant... Sis chamberieres.... Qui la norissent et qui tres bien la servent Gar. 98,11: Faisons tel chose qui à Dieu vengne à gré. HdB. 180,28: Lai nous oïr de Huon le menbre Teles noveles qe nous soient a gre. — Das rel. Pronomen ist von einer Präposition begleitet: HdB. 225,20: Et car me faites unes armes prester Et .I. ceval sour cui puisse monter. 174,13. Gar. 19,15: Preste moi force, se il te vient à gré, Par quoi ils soient mort et debareté. 75,8. Jord. 2886. Ein relat. Adverb leitet den Rel. Satz ein: 1. d o n t z. B. Gar. 152,6: Or soiez prous et chevaliers hardis, Si conquerrez dont vous puissiez garir. 8,12. Aiol 495: ..Jesus uous i laist faire tele saudeé Dont li cors soit garis, l'ame sauée. — 2. o u : Jord. 2637: En l'onnor Deu le voz ferai baillier Que il voz doinst en tel leu avoier Ou ce truisiez dont voz avez mestier. 2245. 2879. — 3. q u e (Diez III. 339), alleinstehend oder durch ein anderes Adv. näher bestimmt: HdB. 86,13. 199,32: Jou les souhaide Geriaume ens ou ooste, Deseur le hance les ait enseeles, En tel maniere que ne li facent mel. 199,28. 290,3. 312,19: . . Que Diex vous laist tes oeuvres demener Qu'en paradis vous meche reposer. — Gar. 4,6. — Durch i ist das Rel. Adv. que näher erläutert: que . . . i = où z. B. HdB. 273.30: Car savoir veul ù sera ma partie, Quant vous venres de France le garnie, Que jou i puisse retraire à me partie. 274,5: Je veul avoir d'une part ma partie, Que jou i puise mener ma segnorie.

Enthält der Rel. Satz jedoch ein thatsächlich vorhandenes Merkmal, so tritt der Modus der Aussage, der Ind., ein z. B. HdB. 161,20 ff. Dasselbe geschieht auch, wenn etwas sicher zu Erwartendes schon als in der Zukunft thatsächlich vorhanden angenommen, anticipiert wird: es tritt alsdann für den Conj. das Fut. bezw. Cond. ein: z. B. HdB. 127,24: Si m'a tolue trestoute m'ireté En tel maniere, se me puist Dix salver, Que jamais jor n'en porai retorner. 160,9 usw. — Tritt aber der Wunsch stärker hervor, so steht der Conj. z. B. HdB. 86,13: Et si me laisse mon messaige conter En tel maniere que puisse retorner Au roi Karlon paiier et acorder. — Stets findet sich das Fut. bzw. Cond. nach p a r c o n v e n e n t i t e l q u e und p a r t e l c o n v e n t q u e z. B. HdB. 211,29. 214,11. 222,2,24 usw. — Auch das Nfr. hat diese doppelte Ausdrucksweise bewahrt u. setzt je nach der Auffassung den Conj. oder den Ind. (Fut. oder Cond.) vgl. Ploetz p. 203. 26.

B. DER RELATIVSATZ IM CONJ. BEZEICHNET EIN NUR ANGENOMMENES MERKMAL.

Es sind dies Rel.-Sätze, die sich auf einen Superlativ beziehen und den Conj. als Ausdruck der bescheidenen Behauptung zeigen, und solche, welche sich auf Wesen beziehen, deren Existenz verneint oder in Zweifel gezogen erscheint.

a) N a c h S u p e r l a t i v e n u n d ä h n l i c h e n A u s d r ü c k e n findet sich in dem darauf bezüglichen Rel.-Satz der Conj., wenn die darin ausgesprochene Eigenschaft in bescheidener Weise angenommen wird, nicht als bestimmt thatsächlich vorhanden dargestellt wird. — So auch im Nfr. Nach li premiers folgt stets der Ind., während das Nfr. beide Moden gestattet. (Lücking § 314). Vgl. auch für das Afr. Quichl p. 25. Bisch. p. 96. Nebl. p. 16. Haase p. 4. Kroll. p. 26. — z. B. HdB. 18,31: Nous en alons à le cort à Paris, Le millor roi visiter et servir Qui onques fust en France le païs. 105,14. 194,9. 309, 25. Mit hypoth. Sinn erscheint der Conj. oft: 74,23: Si vous dirai de Huon le membré, Le millor homme c'on peust demander. 159,9. Am. 507: Damme, dist il, mal ditez et pechié Dou meillor home qui onques fust soz ciel. Jord. 1340. — Alisc. 1341. 2549: Vostre seror, ki molt vos doit amer, Vermendois soit en douaire doner La mellor terre que on puist deviser. 2832: Trop par fustes osée Quant à mon oncle aves dist rampronée Au melleur homme qui onques chainsist l'espée. Aiol 2731: La plus gente bouchiere ales blamant Que on trouast en Franche qui est si grans. — Tout vertritt einen Sup.: Am. 2944: ... por tout l'or c'on me seust doner ... — Soll die Eigenschaft als ein — wenn auch erst in der Zukunft — vorhandenes, bestimmtes Merkmal dargestellt werden, so bedient sich der Dichter des Ind. z. B. Aiol 1028: A nuit herbergeres a mon ostel, Une de nos mescines al lit ares Trestoute le plus bele que quesires U toute la plus laide, se miex l'ames. — HdB. 191,26: Et vous ferai I. bon somier torser Du milleur or que je porai trover. — Nach li premiers folgt stets der Ind., nur Joinv. 597 bietet den Conj. vgl. Bisch. p. 96. Nebl. p. 16. Am. 3184. HdB. 269,24. 275,2,12 usw.

b) Der Relativsatz bezieht sich auf Wesen, deren Existenz verneint oder in Zweifel gezogen wird. Im Hauptsatz findet sich ein Ausdruck des Seins oder der Wahrnehmung usw.: il y a, il est — voir, trouver usw.

α) Die Existenz des Wesens wird verneint durch die Negation im Hauptsatz, eine affirmative rhetorische Frage, einen affirmativen Conditionalsatz der Unwirklichkeit. Der Conj. kennzeichnet den Rel.-Satz als nur angenommenes Merkmal eines im Hauptsatz genannten Wesens, dessen Existenz in Abrede gestellt wird.

1. Der Hauptsatz ist negiert, die Existenz des Wesens direct in Abrede gestellt: HdB. 150,33: Il n'a païien, Sarrasin, ne Escler, Desc'au sec arbre ne tant c'on puet aler, Qui ne me doive IIII. deniers d'or cler. 188,19. 28. 249,29. 295,2. 298,28. 304,31. Gar. 53,18. 174,16. Alisc. 538: N'i a celui qui n'ait lance

poignal Et riche enseigne 190. 571. 911. 979. 2319. 2478. 2570. 2579. 2648. 2655. 2693. Mit hyp. Sinn Alisc. 27: Sous ciel n'a home ki n'en éust paour. Am. 3099. usw. Gar. 30,6. 5,10: .. N'i ot celui qui n'en fust esbahis, Ou ne plorast des beaus iex de son vis. 53,18. 136,2. 181,21,24. Aiol 43: .. il n'auoit nul home qui guerre li fesist. 260. 1226. 2207. 2384. Jord. 320: Mar i aura escuier nes un soul Qui ses talens ne face touz de voz — HdB. 64,21: Or n'est il lauge ne bouche qui desist Le grant dolour que Hues en souffri. (mit hyp. Sinn) 94,13. 95,3,12. 97,16. 117,21. 135,32. 137,6. 151,14,21. 160,21,28. 161,16. 166,2. 200,13. 201,6. 202,26. 221,13. Jord. 709: Furent mais gent en cest siecle vivant Qui por autrui livraissent lor anfant. Gar. 84,2: Ne remaint home, par le mien esciant, Qui ne venist à l'ost moult richement. 181,12. HdB. 198,1: Ainc n'i vint hon qui l'osast demander. 279,5: Gerars lo fait tout erroment torser: Ainc n'i laissa qui vaille .I. gant paré. — Am. 32: Dex ne fist home qui de mere soit nés, Qui le plus grant en seust deviser. HdB. 97,1. 141,18: Ainc Dame dix oisellon n'estora Tant volast bien, qui el palais entrast, Qui ne fust mors, ja ne bur escapast. Am. 186. 2719. Jord. 968: N'en mainne mie palefroi qui soit lasches. 1195. Aiol 2956: N'en osa uns issir de ses barons Qui s'en alast combatre uers les glotons. Alisc. 207: Paiens nel voit ki n'en soit esmaians. 169. 474. 2087: Borgois nel voit ki à l'autre ne die. HdB. 191,16: Et jou n'ai homme si hardi ne osé Qui contre lui ost son gage porter. 273,25. 26. Gar. 101,10: N'avons pas gent qui les puissent sofrir. HdB. 22,5: Je ne sai homme tant com Dix soit servis, Si m'aït Dix de qui soie haïs ne c'ains tolisse vaillant .I. parisis .. 37,2.—89,1: Puis ne vi homme qui fust en Dieu creans. 93,12. 229,2. 272,12. 297,24. Aiol 2721 Onques ne ueimes home uiuant Qui uous ossast respondre ne tant ne quant. 1740. Jord. 789. 2158. 3261. 3459. 3733. 3832. 3918. Alisc. 498. 2898. — Am. 67: Mais il ne treuve escuier ne garson, Ne clerc ne lay qui l'en die raison. 1474. 2367/68. 2374. 2383/84. 2500. 2792. HdB. 127,1: Ne troveriés qui vous osast teuser.

Der eine Eigenschaft aussprechende Satz wird oft ohne relatives Pronomen bzw. Adverb dem näher zu erklärenden Wesen beigefügt. In diesem Falle sind meist beide Sätze verneint: HdB. 98,15. 123,21. 168,26. 184,20. 248,22. Am. 2136: N'i a evesque, ne face mon talent. 2298. Jord. 2708. 3788. 4228. Alisc. 267. 565. 592. 892. 1310. 2350. 2703. Gar. 90,15: Par l'ost crierent le ban au roi Pepin, N'i ait vassal si haut ne si hardi De l'ost se part, por les membres tollir. 139,1. Aiol 1089.

Das Pron. ist von einer Präposition begleitet: Am. 3343: Dex ne fist home en trestout cest regné Par cui l'uns fust de l'autre dessevrez Tant bien se resambloient. 2365: Faites crier le ban que nus ne soit... Qui voist Ami rosgarder mais d'esmois Ne qui li doinst de quoi il vive un soir. 2375. 2702. 1504 (par quoi auf eine Handlung bezüglich). — Aiol 1295: .. Ainc n'encontra nul home de mere ne, N'ermite ne conuers, u puist parler (u = oui.) Der Rel.-Satz wird durch ein Rel.-Adv. eingeleitet: 1. d o n t z. B. HdB. 23,16: Si n'ai espee, ne bon espiel burni Dont je me puisse envers ton cors oouvrir. 88,1: .. ne trovent pain ne blé Dont on péust .I. enfant sooler. (hypoth. Sinn), 122,27. Am. 950: S'esteroit més de Paris envoiez Qui deïst chose dont il me feïst lié. Jord. 1261: N'avoit autre arme dont il se fust aidant. Aiol 1784: Je n'ai en nule tere ne chastel ne chite Ne maison ne recet ne dongon ne ferte Ne tant de tous auoirs, che sacies par uerte, Dont on pressist .X saus de denier monae .. (hypoth.) 2938: Et il seroit mon pere mout grans mestiers Que fesisse tel cose uers cheualier Dont ie fuise honores essauchiés. Gar. 122,18: Ne vous croistra honor, à mon vivant, Si m'aït Diex, dont je soie dolans. Es sind hierbei schon Beispiele gegeben worden, bei welchen die Existenz des zu beschreibenden Wesens durch den hypoth. Sinn des Satzes verneint oder in Frage gestellt wird (Am. 950. Aiol 2938). — 2. o u : HdB. 92,26: Il nen a marce ne païs ne regné... là où je n'aie esté. 302,28 (hypth.) Aiol 1745: Je n'ai franbaut ne cofre u les puisse bouter. 60: N'auoit home ne feme ne ualet entor lui U il peust non prendre que doner li peust. Alisc. 647: Tos li paiis en estoit si peuplés k'il n'i avoit ne passage ne gués Où il n'eust .M. cevalier armés Tot por Guillaume k'il ne soit escapés. — Gar. 152,2: .. N'ai tant de terre où me cuichasse vis. Mit Präposition: HdB. 158,25: Mais il n'i trove ne passaige ne gué, Planoe ne pont, ne barge ne grant nef Par ù li ber péust outre paser (hyp. Sinn). Das Adv. ou wird durch das rel. Adv. que mit nachfolgendem hinweisendem i ersetzt: Am. 86: Ou mont n'ot lieu n'en la crestienté Ne bon mostier ou dex soit aourez Que il n'i soit ne venuz ne ales. — 3. D a s r e l a t i v e A d v. q u e bringt wie das rel. Pron. einen Zusatz, eine nähere Erklärung, eine Eigenschaft in Verbindung mit einem im Hauptsatz genannten Wesen oder mit dem ganzen Hauptsatz (Diez III 339). Im Nfr. sehr eingeschränkt, bezieht es sich entweder auf das hinweisende Neutrum ce (cela) mit Präpositionen, archaisch auf gewisse Abstracta mit Präpositionen: de manière que, Zeitbestimmungen du temps que, au moment que, il y a longtemps que, oder ist zur Conjunction geworden. (Lücking § 236[b]. § 243). z. B. Am. 2239: Ja n'iert uns jors que por lui ne voz bate. Alisc. 569: Jamais n'ert jors ke mes cuers ne s'en plaigne. Aiol 104: Ja mais n'ert uns seus jors que ne t'en hace.

Bei Anwendung des rel. Adv. que statt des Pronomens

schwindet die genaue Bezeichnung des Kasus, den es vertritt. HdB. 22,6, Jord. 2425 steht es für den Dativ des Pron. (vgl. Bisch. p. 85). HdB. 22,6: Je ne sai homme tant com Dix soit servis, Si m'aït Dix, de qui soie haïs Ne c'ains tolisse vaillant un parisis. 37,3. 59,17: Dont, ne morut nus clers, tant fust letrés, Ne nus sains hons, tant eust de bonté, Que en infer n'alast tos despenés. 106,27. Aiol 983: ... Il neu a sous siel home de mere ne, Tant soit iouenes et fors et adures, S'estoit en autre tere escaitiues, Qu'il fust poures de dras et desnues Que ne soit laidengies et mout gabes Et qu'il ne soit tenus en grant uieuté. 1644. 2207. Gar. 116,12: Diex ne fist homme, si mesfeïst vers li, Que ne preïsse la guerre de sor mi. — Que vertritt ou : HdB. 7,23: Il ne a marche ne païs ne renier .. Que tu ne soies oremus et resoigniés. 255,3 vgl. dagegen 105,27. — Zweifelhaft ist, ob que Adv. oder Pron.: HdB. 37,3: Je ne sai homme qui tant soit or vaillant, S'il vous gaita, que ne face dolant. 69,33: Car n'est travax que on puist endurer, Paine, n'ahan, se me puist Dix salver, Que jou ne face tout à volente. 166,4 (mit Wiederholung des que) 166,11. 165,31: Dix ne fist arbre qui peust fruit porter Que il n'éust ens el vregiet planté. Gar. 18,8 : ... Ne prenent home, pucele, ne moillier Que il ne facent ardoir ne esoorchier. Jord. 2425: Il ne treuve home, chevalier, clerc ne prestre Qu'il ne demant de sa fame nouvelle. — Der von dem rel. Adverb vertretenc Kasus des rel. Pron. wird daher oft durch ein nachfolgendes Pronomen z. B. le, lui oder ein anderes Adverb z. B. i, en, die auf das Beziehungswort im Hauptsatze hinweisen, angedeutet. Z. B. HdB. 32,24: Je ne sai homme de Rains desc'à Paris, Tant soit haus hons ne tant soit mes amis, Se jou le puis ne trover ne tenir Que ne le face de male mort morir. 7,18. 97,3,18. 116,23. 119,1. — Alisc. 1960. — HdB. 243,18: Ainc n'i laissierent Sarasin ne Escler Que ne les aient tos mors et decopé ... 244,17 (nes). — Gar. 144,7: Tant com je vive n'i pora nus dormir, Que ne le fasse de male mort morir. — HdB. 70,26 : .. Ja n'ert tant frans ne si emparentés Que, tout errant, le cief ne li copes. 153,1: Dedens infer n'a diable ne maufé, Que il ne soit de mon grant parenté. 171,5. Aiol 1644. — Que ..... en = dont: HdB. 62,8: Amis nule riens quo je poi n'i mesfis Que ne m'en soie aquités envers ti. 274,2: Jou n'arai ja un denier en baillie Que le moitiet n'en aies, biaus dos sire. 290,29. — 183,11. 186,22. 191,10. 216,31. — Que ..... i = où: HdB. 105,27: Qu'il nen a marce ne païs ne rené .. ... Qe jou n'i soie tout à me volenté. Dagegen ohne i: HdB. 7,23. Am. 73: Selonc la mer n'ot chastel ... ne nul harbergement, Que il n'i voist son compaingnon querant. 88. — Zur Erläuterung des Adv. que kann auch ein Substantiv dienen: Gar. 6,13: Si m'aït Diex, je n'i puis riens trouver Que il i metent un denier monee. — Ebenso ein Pron. indefinitum: Gar. 161,16: Ne romanra li grans ne li petis Que tuit ne vengnent au siege en Cambresis. HdB. 303,1. Aiol 937. Vgl. auch Bisch. p. 86. Das relative Adverb que kann sich auch auf eine negierte Handlung, oder einen Zustand, also einen ganzen Satz beziehen, wie auch im Nfr. z. B.: Il n'est pas content qu'il ne vous ait ruiné (Lücking § 329. 2). Vgl. ferner Voltaire, Ch. XII, liv. 2. (Charles:) „Je ne donnerai point la paix aux Polonais, qu'il n'aient élu un autre roi". — Auch die deutsche Sprache entbehrt nicht — allerdings vom Conj. abgesehen — dieser Ausdrucksweise, vgl. Schillers Maria Stuart I, 6. (Mortimer:) „Nie setz' ich meinen Fuss auf diese Schwelle, Dass nicht mein Herz zerrissen wird von Qualen, Nicht von der Lust entzückt, euch anzuschauen!" — HdB. 83,25: Ja tant matin ne me sarai lever Que jou nen aie .x. libres au lever de droite rente cascun jor, à l'ostel. 111,4: Mais jà si tost mençoigne ne dirés Que ne pergiés du hanap le bonté Et de mon cors trestote l'amisté. 116,23. 119,1. 161,8. 111,19: Tu ne seras en tant lontain rené Que se tu cornes ce cor d'ivoire oler, Que[1] jou ne l'oie à Monmur, ma cité. 136,30: Une aloete que bien tost set voler Ne poroit mie ens el palais voler Que ne fust morte. 221,3: Mais bien te garde de rien ne te vanter Que tu ne saces et bien faire et ouvrer. 243,19: Ainc n'i laissierent Sarrasin ne Escler Que ne les aient tos mors et decopé. 266,17: Se il pooit repairier d'otre mer Il n'enteroit jamais en s'ireté Qu'il nen éust anchois au roi parlé. 71,21. 303,1: Si lour commande... Que il ne laissent homme nul seul paser Que tout ne soient detrenciet et copé. 304,32: Ainc n'ot baron plus en trestot l'ostel Qui au hanap peust puis adeser Que tous li vins n'en fust tantost alés. Jord. 468: Ne venras mais en cort ne en païs Que tu ne soies monstrez comme chaitis 2529. 2717. Aiol 355: Ja ne uenra en tere ne entre gent Qu'il ne soit escarnis mout laidement. 937: Che samble des ceuaus le roi Artu, Ne peut consentir home que tout ne tut. 2591. Alisc. 1938: Ceste parole n'ert ja en France oîe Par messager c'on nel tigne à folie. — Als Folgesätze können auch betrachtet werden Sätze wie: HdB. 122,22: Il ne savoit tant metre ne verser Parmi les tables... Que ses hanas ne fust plains et comblé. 124,13: Ne tant ne sevent ne oster ne puchier Que il le puisent nul point amenuisier. 154,81: Ja n'averas vers mon cors poosté Ne te porfende desc'au neu del baudrier. — Derartige Sätze können ebenfalls ohne weiteres, ohne rel. Adv., ange-

---

[1] Mit Wiederholung des que, wie noch öfter. Diez III. 342.

fügt werden: HdB. 71,21: Ne reva pas à Bordeaux la cité... N'aies ançois à me bouce parlé. Am. 115: En nulle terre ne le saurez porter Se'l volez vendre ne soit bien achatez .I. marc d'argent se panre l'en volez. Aiol 1823: Ne peut nus hom passer, pelerins ne pamiers, Marcheans ne borgois, ne soit a mort jugiés, Se il a bele feme, honis et uergondés. Hierher sind auch die dem Lat. non intermitto, non possum quin entsprechenden, öfter wiederkehrenden Wendungen zu verweisen: Ne laissier.... que ne, ne muer.....que ne, ne remaindre... que ne. Sie sind wohl entstanden aus vollständigen Sätzen wie HdB. 243,19: Ainc n'i laissierent Sarrasin ne Escler Que ne les aient tos mors et decopé. 169,8. 202,6. Gar. 84,2; Ne remaint home, par le mien esciant, Qui ne venist à l'ost moult richement. 161,16: Ne remanra li grans ne li petis Que tuit ne vengnent au siege en Cambresis. — Am. 1345: „.. ne'l lairai ne'l voz die." — HdB. 137,18: Jou ne lairoie por vo grant disnité Que jou ne voise le gaiant visiter. 146,5. Am. 509: Je ne laroie por les membres tranchier Que à lui n'aille, quant il iert esclairié. 655. 877. 891. 1345. 1912. 2943. Jord. 346: Je ne'l lairoie por nule riens vivant Que je n'en face dou tout à mon talant. 373. 884. 946. 2075. 2086. 2099. 2395. 2436. 3272. 3801. 3838. 3906. Alisc. 1683. — Aiol 2441:... Ne lairoie por home qui soit uiuans, Que n'i uoise ferir... 2941. — Derselbe Sinn liegt in der Wendung ne laissier... ansoiz: Am. 1398: Je ne'l lairoie por mil livres d'or fin, Ansoiz iert faite sans nesun contredit. -- Ne muer... que ne: Alisc. 2248: Ne puet muer k'en plorant ne li die: Dites, biaus freres, ferez me vos aïe? — Ne remaindre... que ne: Jord. 1104: Ne remanra Charles n'i ait dammaige. 2706:.. Ne puet remaindre qu'il n'i aient dammaige. Gar. 161,16. 173,1: Ne remanra por vous qu'il ne soit pris.

Das Verhältnis des Nebensatzes zum Hauptsatz ist oft nicht äusserlich gekennzeichnet, indem das rel. Pron. oder Adv. ausgelassen ist. (Diez III. 381). (S. p. 15 u. 18). So auch der Dativ des Relativs oder das denselben vertretende Adverb: HdB. 280,16: ... Ni a celui n'ait bel joiel donné... Et les serjans a boins mantiax donnés.

2. Durch eine affirmative rhetorische Frage erscheint das zu determinierende Wesen im Hauptsatz verneint: Am. 651: Qui vit ainz home de si fier vasselaige..... Qui ne me deigne amer ne ne m'esgarde. Jord. 496: ... Fu onques peres qui son anfant traïst Ne por paor de morir le randist! Alisc. 1920: Fu onques dame tant éust sages dis Com a ceste contesse? (mit ausgel. Relativum).

3. **Durch einen affirmativen hypothetischen Satz der Unwirklichkeit:** HdB. 283,30: Se jou éusse .I. mien frere carnel Qui fust essi fors de France jetés Puis revenist .I. jour à mon ostel Moult fusse, certes, plains de grant malvaisté Se jou l'éusse en ma prison geté, Puis le venisse en vo court acuser. Gar. 113,8: ... S'eust baron qui la torre tenist,[1] Sachiez que m'arme plus à aise en seïst. Jord. 1696: S'or éusce armes por mon cors garantir De quoi poïsse combatre au Sarrazin, Je croi en Deu le Roi de paradis, C'ansoiz le vespre fust il par moi ocis, Si en poïsse encor monter en pris. — Am. 2837: Se riens savoie en cest siecle vivant, Qui voz poïst faire assouaigement. Gar. 123,10: S'il eschaioit terre ne chasement, Qui me seist et venist à talant, Je l'averoie sans nul delaiement 149,18.

— Se mit Impf. des Futur. drückt die Bedingung aus: Am. 949: S'esteroit més de Paris envoiez Qui deïst chose dont il me feïst lié Dou compaingnon qui tant fait à prisier, Je m'en voldroie par ma foi repairier.

β) **Die Existenz des Wesens wird in Zweifel gezogen oder eingeschränkt:**

1. **Durch Ausdrücke im Hauptsatz, die einen Zweifel, eine Ungewissheit oder eine Einschränkung enthalten, wie z. B. peu, rarement, à peine, peut-être — pooir, cuider, sembler, douter u. ä.** vgl. Bisch. p. 88. Kroll. p. 25. Nebl. p. 17, 18. und für das Nfr. Lücking § 315 b. — Aiol 1542: Bien sanbloit gentil home, duc u marchi, Qui chastel u chite ait à tenir. Alisc. 2289: Bien sambla hom ki venist d'ostoier. 1607. — 1581: Quida que fust de la gent l'aversier ki les vausist traïr et enginnier. — Anstatt des gewöhnlicheren Conj. steht infolge des hyp. Verhältnisses das Cond.: Jord. 1222: S'il poïst iestre sor le fust en couchant Bien le porroit Dex maitre à garant En tel contree où auroit honor grant. — Die Ungewissheit wird durch einen Wunsch hervorgerufen, mag derselbe possitiv oder negativ sein: Am. 920: ... Et tex nouvelles en puisse je oïr Par quoi je saiche s'il est ou mors ou vis. 2700: ... Que Dex me rande mon compaignon Ami, Ou tex nouvelles m'en apreingne à oïr Par quoi je saiche s'il est ou mors ou vis. — Ein negativer Wunsch (d. h. dass etwas nicht stattfinde) erweckt Zweifel: Am. 927: Car moult redoute Hardré son annemi Que ne le sievent mil home de sou lin Qui le voillent ocirre.

— Die Existenz des im Hauptsatz erwähnten, durch einen

---

[1] Conj. impf. tenist mit dem Sinn des Cond. vgl. für d. 16 Jahrh. Weissg. VIII. 302. — Anstatt des Futur nach einem Prs.: Aiol 1577.

Rel. Satz determinierten Wesens erscheint durch einen Zusatz eingeschränkt: Alisc. 511: Petit fu ore ne fussiez galopez Et coreuz poinz et esperonez — In ähnlicher Weise ist als leicht eingeschränkt und bescheiden ausgesprochen die Zeitbestimmung aufzufassen: HdB. 96,19: Je ne mengai, bien a trois jors passé Que jou n'eusse mengie a .I. disner Häufiger findet sich indessen der Ind. z. B. Am. 547: Bien a .VII. ans passez et acomplis Que je ne vi ma moillier ne mon fil. 189. 286. — Jord. 1437. 2073.

2. Durch eine wirkliche Frage: Am. 94: Veïz tu home qui me puist resambler? 2612: Amis, biax frere, sez noz tu conseillier D'une tel terre où truisonz à mengier? Aiol 1631: Sauez i duo u prinche qui tienge chevalier? — Das Cond. drückt ähnlich dem lat. Potentialis eine vorsichtige, bescheidene Frage aus: HdB. 220,31: Por coi sers tu ichi ce menestrel Qui te garist cascun jor de rover? Si ne saroies de nul mestier ouvrer Par coi tu fusses à plus grant honnesté. Jord. 1632: „Auroit il ores laiens nul chevalier, Ne un ne autre qui volsist gaaingnier, Isse sà fors, bien en iert aaisiez." — Die Frage ist eine indirecte: Jord. 2399: ... cerchier, Se trouvroie home pelerin ne paumier Ne home esrant à cheval ne à pié Qui m'en deïst nouvelles. Vgl. auch Bisch. p. 89. Nebl. p. 18.

3. Durch einen hypothetischen Satz der Wirklichkeit: HdB. 45,16: Que s'il dist mot que à aus puist grever. 285,14. 265,10: S'il vous dist cose qui vous doie anoier. 62,4. — 120,26: .. Que s'il i a ne fol ne menestrel Ne lecéour qui n'aient ça loiier. Am. 2206: Et s'il i a serjans ne chevaliers Ne un ne autre ne prevost ne doien Qui envers moi ait fraite s'amistié. Jord. 1881: Va t'en arrier je t'en doins le congié Se tu un autre puez ici envoier Qui plus soit fors que tu encores n'iez, La toie vie voldroie respitier. 1845. 2684: ... Com voz orrois, s'il est qui le voz die. Alisc. 2837: S'avés dit chose ki à lui desagréé Li vis diable vos i ont aportée. 2557. 2972. Die Bedingung ist mit quant eingeleitet: Am. 2433: ... moult avez fol conseil, Quant voz me ditez nulle riens qui me poist, ferner Jord. 1720 ... Quant je ne truis nulle arme en cest païs, Ne crestiien nès un seul qui m'aït.

C. DER REL.-SATZ IM CONJUNCTIV BEZEICHNET EINE ZUGESTANDENE ODER EINGERÄUMTE EIGENSCHAFT.

Trotz der Negation im Hauptsatz kann doch die Existenz des Wesens möglich und die im Rel.-Satz ausgesprochene

Eigenschaft vollständig zugestanden sein; z. B. HdB. 69,31, wo die Existenz der „erträglichen" Arbeiten, Mühen völlig zugegeben wird, dagegen das Dasein derer verneint wird, die jemand nicht gern thut. Vgl. auch 165,30. Im ersten Rel.- Satz sehen wir einen Conj. des Zugeständnisses, im letzteren einen Conj. der Annahme. Vgl. Bischoff p. 89t. — HdB. 165,30: Dix ne fist arbre qui peust fruit porter Que il n'eust ens el vregiet planté. = der Baum mochte nur Früchte tragen, er pflanzte ihn. 69,31: Car n'est travax que on puist endurer, Paine, n'ahan, se me puist Dix salver, Que jou ne face tout à vo volenté. 166,1. 99,17: ... Ne ja pour[1] chose que il sace hucier, Vous proie tous que vous ne l'aresniés. 77,10. 169,7: Je nel lairai por homme qui soit né, Que jou ne fache chou qui m'est commandé. 120,11. 170,10. 196,6. Jurd. 2529: Mais riens qu'il voie gaires ne li agrée. Aiol 2131: Por dieu te prie, fille, que bien le serucs, Ne li faille nus biens qui soit en tere. Der einräumende Rel.- Satz beginnt mit den rel. Adv. que, dont, ou. HdB. 44,3: Ja Dix ne place qui ens la crois fu mis, Que mal vous fache à jour que soie vis. 260,12: Ainc n'i laissa nule riens à conter Dont lui péust tant ne quant ramembrer. 206,29: Desc'à .IL ans ne puis en lit entrer Là où nus hom gise, par verité. Am. 87: ... Ou mont n'ot lieu n'en la crestienté Ne bon mostier ou dex soit aourez Que il n'i soit ne venuz ne alez. — Einräumender Natur ist auch der Conj. in Rel.- Sätzen, die sich auf Wesen beziehen, die Gegenstand einer Verwünschung sind. Das Ganze drückt eine drohende Warnung aus: HdB. 143,24: Mal de celui qui puist à lui parler. 190,8. 226,33: Mal soit du pas dont il l'ait remué. 229,9: (que für dont). — Am. 778: Mal soit de cel qui li foīst ostaige (hyp. Sinn). Alisc. 303. — Allgemein zugestandene Merkmale enthalten die häufigen, formelhaften Wendungen mit dem Conj., wie: home qui de mere soit né. z. B. HdB. 21,30: Se vous avés ne tolu ne malmis Vers homme nul qui de mere soit vis, Sales avant pour vostre gage offrir. 22,28. 67,29. 134,19. 154,4. 208,15,25. 251,32. 110,22: ... Que ne hac homme qui soit de mere né. 270,4. 300,1. 151,12: Il n'est nus hom qui de mere soit né, Se il pooit ens le kavece entrer, Qui ja par armes péust estre matés. Am. 32: Dex ne fist home qui de mere soit nés Qui le plus grant en séust deviser. 2297. Aiol 2918: .. Ne t'en garoit nus hon qui soit sousiel. — HdB. 90,25: Ne nous doutiemes d'omme qui fust vivant. 34,9. Aiol 2423. Am. 2941: (home qui vive). 2229. Alisc. 1869.

Ein solch verallgemeinernder Rel.-Satz bildet mit seinem

---

[1] Diez III 362. § 5.

Beziehungswort das zweite Glied eines Vergleichs der Ungleichheit: Aiol 1086: Il le resamble miex qu'ome qui uiue. Jord. 94: .. Que ge l'haz plus o'omme qui soit souz ciel. — Auch im 2. Glied der Vergleichung der Ungleichheit selbst findet der Conj. des Zugeständnisses Anwendung, daneben jedoch auch der heute gebräuchliche Modus, der Ind., die einfache Negation ne jedoch in beiden Fällen. Auch dem 16. und 17. Jahrh. ist dieser Gebrauch noch bekannt: vgl. Weissg. VIII. 303. u. Bisch. p. 95. — z. B. HdB. 137,1: Il me toli et la tour et l'ostel Et aveuc çou .I. bon haubero safré Qui est plus blans que ne soit flors de pré. 106,5,9 (ait). 228,15. 308,27. — Jord. 3096: ... voit Qu'elle est plus belle que sa fille ne soit. — Dagegen der Ind.: Alisc. 2853: Ele est plus blance ke n'est noif sor gelée .. 738. Aiol 234: Gardes ne le uendes (scil. le destrier) ne engagies, Tost samblera plus biaus o'autres nen iert.

Seinem verallgemeinernden Character gemäss zeigt sich der Conj. d. Einräumung besonders, wenn auch nicht ausnahmslos — es steht bisweilen auch der Ind., wie ja auch derselben Auffassung gemäss das Nfr. nach quiconque und tout .... que denselben Modus, den Ind., vorschreibt bzw. gestattet, — nach den verallgemeinernden Fürwörtern, Adverbien oder Wendungen: Qui que, que que, quoi que, le quel que, quelque que — comment que, ou que — pour..... que. — 1. Qui que (qui), nfr. nur noch als qui que gebräuchlich, wenn être folgt, sonst durch die Umschreibung qui que ce soit qui ersetzt. — Derartige Sätze drücken eine Bedingung aus. HdB. 33,12: Cui c'aie mort, emperere gentis, Au jugement je me rent du païs. 36,30. 41,21. 52,11. 134,8. 109,1: Qui que mengast, Geriaumes a ploré. 269,25 (qui qui mengast). 287,8. Jord. 3837: Cil a parlé qui qu'an plort ne qu'an rie. 2852. 4077. 1412: Qui qu'en ait pou, il en aura assez. Gar. 27,10: Mort le trebuche, qui qu'en doie grever. 53,2: Cui que je faille, je ne dois vous faillir. Aiol 980: Qui qui me tiegne a uiel, ie me tieng chier 2775. Dagegen steht der Modus der Thatsächlichkeit, wenn ein allgemein giltiges Gesetz aufgestellt wird: Jord. 2213: Qui que sa damme ne son seignor ocist, Touz est forfais. — 2. Que que = nfr. quoi que: Aiol 2607: Vos parens est Fores, que que nus die. Gar. 60,1: Signor, ce n'est pas gius, qui que nus vous en die. Dagegen der Ind. Alisc. 1823: Che k'ele dist est verités provée. — 3. Quoi que: Jord. 3850: ... Quoi que nus voz en die... Aiol

218: Car nel tient on a sage, ooi que nus die. Der Ind. zum Ausdrucke d. Thatsache findet sich nach quoi que = „obgleich" Jord. 1227: Quoi que paien vont Renier fort loiant, Lui et sa fame.... Jordains li anfes en mer sailli errant. — 4. (L e) q u e l q u e: HdB. 274,12: Le quel que soit me lairés vous, biaus sire? Quel ... que mit Futur, vielleicht durch die Assonanz veranlasst: Jord. 2655: Et soudoiers ... li bailla ... Que'l serviront quel part que il ira. Quel.. qui ist jetzt veraltet und quel que nur noch vor être gebräuchlich, wie qui que. 5. Q u e l q u e (q u e) findet sich attributiv wie in der heutigen Sprache gebraucht: Jord. 2230: ... En quelque terre elle puist arriver. 2923. So auch bei Villeh. und Joinv. (vgl. Kroll. und Nebl.) und z. T. bei Chrestien (Bisch. p. 91). Wohl der Assonanz wegen mit Futur: Gar. 24,11. — 6. C o m m e n t q u e, heute veraltet: Jord. 755: Comment qu'il preingne, tenra ces heritez. — 7. o u q u e: statt d. Conj. wegen des sicher zu erwartenden Ereignisses mit Futur: Aiol. 329: De dieu de sainte gloire, fiex, te deffenc, La ouques tu le saras en ton uiuent, Ne pren a mauais home acointement, Tost en aroies honte mien ensient. Im allgemeinen folgt jedoch der Conj. z. B. Alexis 17e (vgl. Quiehl p. 36) und bei Chrestien (Bisch. p. 91), wie auch im Nfr. (Lücking § 248). — 8. P o u r ... qui, que (Diez III. 362) verlangt stets den Conj. (vgl. Bisch. p. 92. Nebl. p. 26), ist noch in der Wendung pour peu que erhalten. (Lücking § 317 d). HdB. 77,10: Ja penitance par mon cief nen ferés Por nule riens que vous m'aiés conté. 99,17. 120,11. 169,7: .. Je nel lairai por homme qui soit né Que jou ne fache chou qui m'est commandé. Am. 2944. Aliso. 1934: Ja nen kerront por chose que leur die ke ma compaigne soit si morte et perie. — 9. Q u a n t q u e ist stets mit dem Ind. verbunden, so auch bei Chrestien, Villeh. und Joinv. (vgl. Bisch. p. 94. Nebl. und Kroll.) HdB. 42,27: ...Et je le vous plevi Que c'est tout voirs can que jou ai oi dit. — Am. 263 usw. Jord. 158. 304. 796 usw. — Der Auffassung des Nfr. widersprechend, wo bei Verallgemeinerung einer Eigenschaft durch si ... que der Conj. verwendet wird, während bei tout ... que beide Moden gebräuchlich sind (vgl. Lücking § 332. Anm. 2), zeigt den Modus der Thatsächlichkeit: HdB. 310,27: .... si kier que vous m'avez.... à Monmur en venrés. Anstatt des vergleichenden que steht com: HdB. 117,4.

II. DER CONJUNCTIV IM ADVERBIALSATZE,

d. h. in Sätzen, die sich mittelst Conjunctionen an andere Sätze anschliessen, deren Teile — ein Adjectiv oder ein Adverb — oder deren Ganzes sie nach Art und Weise eines Adverbs erläutern. Am häufigsten tritt das zur Conjunction gewordene rel. Adverb que auf, das wie das rel. Pronomen das im Nebensatz ausgesprochene Merkmal an das Beziehungswort bzw. den Satz anknüpft. Da diese Sätze den Gesetzen des Rel-Satzes folgen, sind Beispiele schon dort behandelt worden: der Conjunctiv drückt auch hier den Wunsch, die Annahme aus.

1. EINE NEGIERTE HANDLUNG ODER EIN ZUSTAND WIRD NÄHER BESTIMMT DURCH EINE ANDERE NEGIERTE HANDLUNG, DIE ALS MERKMAL DER ERSTEREN ANZUSEHEN IST.

Der Adv.-Satz drückt somit ein nur angenommenes Merkmal aus, daher der Conj. der Annahme in derartigen Sätzen z. B. HdB. 71,21: Ne reva pas à Bordiaus la cité... N'aiesançois à me bouce parlé. (mit ausgelass. que, vgl. p. 19). 83,25. 111,4: Mais ja si tost mençoigne ne dirés Que ne pergiés du hanap le bonté Et de mon cors trestote l'amisté. 266,17: Se il pooit repairier d'otre mer, Il n'enteroit jamais en s'ireté Qu'il nen éust anchois au roi parlé. 304,32. Jord. 2529: Mais riens qu'il voie gaires ne li agrée, Qu' à son parrain n'ait touz jors sa pansée. 2215. Vgl. ferner die bei den Relativsätzen p. 18 angeführten Beispiele und die dort erwähnten Wendungen ne laissier — que ne usw., Bisch. p. 102, Quiehl p. 29, Kroll p. 32, Nebl. p. 26. Auch dem Nfr. ist diese Ausdrucksweise nicht unbekannt (vgl. Lücking § 329 a 2), wenn auch oft sans que (bisweilen mit archaischem ne) für que.... ne eingetreten ist: vgl. Lücking § 329 c Beispiel 2.

2. EINE EIGENSCHAFT WIRD DURCH EINEN FOLGESATZ BESTIMMT:

Der Folgesatz erscheint als Merkmal jener Eigenschaft. Vgl. Quiehl p. 35. Bisch. p. 111. Kroll. p. 33. Nebl. p. 24.

A. Der Conj. des Wunsches hat statt, wenn der Folgesatz als beabsichtigt d. h. als gewünschtes Merkmal auftritt. Der Hauptsatz enthält in diesem Falle einen Wunsch oder eine Aufforderung. Auch hier hat das Nfr. nichts geändert. Vgl. Lücking § 328. b. α. und Anm. 2. HdB. 312,18: Que Diex vous laist tes œuvres demener Qu'en paradis vous meche reposer. Am. 3. De tel barnaige doit on dire chanson Que ne soit mie de noient la raison. — HdB. 199,32: Deseur le hance les ait enseeles En tel maniere que ne li facent mel. 199,28. 290,3. — Jord. 3943: Et que la porte lor soit si aprestee, Se mestiers est, qu'il en aient l'entree. Alisc. 2846: Or m'otroit Diex la soie destinee Ke vers mon frere puisse estre racordee Et ke je soie si vers lui amendée Ke ceste faide puist estre pardonee. — Berichtet der Folgesatz eine Thatsache, so findet sich der Ind. z. B. Am. 1213. 1541. 2233. 2619. 2968. Jord. 2224. Alisc. 356: Ciex Haucebiers fu de si haut renon Qu'en paienime partout en parloit on. usw.

B. Der Conj. der Annahme findet sich, wenn die Existenz der durch einen Folgesatz näher zu bestimmenden Eigenschaft verneint oder in Frage gestellt ist d. h. bei negiertem usw. Hauptsatz. Wie eng verwandt diese Adv.-Sätze mit den Rel.-Sätzen sind, ersieht man aus folgenden Beispielen: HdB. 6,5 (s. unten) und 191,16: Et jou n'ai homme si hardi ne osé, Qui contre lui ost son gage porter. In beiden Nebensätzen sind Merkmale (und zwar nur angenommene, daher der Conj. der Annahme in beiden) angegeben, dort aber in adverbialer, hier in adjectivischer Weise, je nachdem der Dichter mehr die Eigenschaft (den Grad des „Kühnseins") oder mehr das Wesen (den „kühnen Ritter") schildern will. Auch das Nfr. entbehrt dieser beiden Ausdrucksweisen nicht und setzt in Folgesätzen und Relativsätzen, wenn sie nur als angenommene Merkmale erscheinen, ebenfalls den Conj. der Annahme. (Lücking § 329 a. 1.)

a) bei negiertem Hauptsatz: HdB. 6,5 (nach Hs. b) Je n'oi ainc puis si hardi chevalier Qu'encontre lui osast puis chevalchier. 70,26 Gar. 90,15: Par l'ost orierent le ban au roi Pepin, N'i ait vassel si haut ne si hardi De l'ost se part, por les membres tollir. Am. 656: ... Ainz nulle fame ne fu onques si aspre, Que anquenuit an son lit ne m'en aille... Jord. 828. Aiol 2248: Et chil quil me dona nel ot si uil Que il n'en presist mie son pois d'or fin. — Wie hier si, so weist auch tant auf den Folgesatz hin, z. B. Am. 3248:

... Que nus ne soit tant hardis ne osez, Que en la ville ost mengier aproster. Jord. 3826. Alisc. 2696.
b) bei hypoth., fragendem Hauptsatz: HdB. 41,10: Quidies que fusse dont issi nonsaçant K'a vostre cort venisse pour garant? Jord. 3826: Se tant avez proesce ne bonté Que cil defors soient desbarreté, Touz mes tressors voz iert abandonnez. — Alisc. 2928: S'ele est si osé ke jamais vos desdie Ardoir me faites en caudiere boulie. — Das hinweisende Pronomen der Qualität tel ist näher bestimmt: HdB. 110,14: Mais je me douc que ne soie pas tés, Que g'i péusse ne boire n'adeser. 152,24: Ne cuidai pas que tu fuses ités Q'ens la caveche li peussee entrer. Jord. 3843: N'avez pas gent ne tel chevalerie, Que encontre euls i puissiez durer mie. — Aiol 1981. — Ebenso das hinweisende Adv. tant: HdB. 122,22: Il ne savoit tant metre ne verser Parmi les tables.... Que ses hanas ne fust plains et comblé. 124,13. - Statt des Conj. der Annahme ist das Condit. verwendet zum Ausdruck des bedingungsweise sicher zu Erwartenden: Am. 565: Tost voz auroit souduit et enchanté Et tel hontaige et tel blasme alevé Que ne seroit à nul jor amendé. Jord. 1564. 1839. — Die in einem Substantiv (ohne hinweisendes tel) enthaltene Eigenschaft wird durch einen Folgesatz determiniert: HdB. 156,1: Mais n'ot pooir qu'il le fesist tranler. 154,31: Ja n'averas vers mon cors poosté Ne te porfende desc'au neu del baudrier.

3. EINE HANDLUNG WIRD DURCH ANGABE IHRER WIRKUNG, FOLGE EBENSO NÄHER BESTIMMT WIE EINE EIGENSCHAFT DURCH EINEN FOLGESATZ.

Vgl. Quichl p. 34. Bisch. p. 106. Kroll. p. 31 und für das Nfr. Lücking § 328b, α und Anm. 1. Cer Conj. findet sich unter denselben Bedingungen.

A. Der Conj. des Wunsches bei beabsichtigter (gewünschter) Wirkung: HdB. 120,2: Por l'amor Dieu, tot belement parlés, Que ne le sache li dus de la chité. Am. 1711: Et vostre fille Belissant li donnez Et tant dou vostre qu'il voz en saiche grez. Jord. 1876: Sains esperis, preingne voz en pitiés, Voz soiez hui en mon cors harbergiez Que cel glouton puisse hui detranchier. Aiol 2391: Car faites, s'il uous plaist, hui por moi tant Que cheualier conquiere tout seus el camp, Que renge mort u pris u recreant Que Loeys le sache et tout li Franc, Ne m'iroient hui mais Francois gabant. — Soll jedoch die Wirkung als sicher eintreffend dargestellt werden, so wendet der Dichter das Futur an z. B. Jord. 2655: ... Et soudoiers ... li bailla ... Que'l serviront ...

B. Der Conj. der Annahme bei negiertem, hypoth., fragendem Hauptsatz d. h. bei in Frage gestellter Wirkung: Aiol 2443: Se n'abao cheualier de l'auferant Et nel renc mor u pris u recreant, Que Loeys le sache et tout li Franc, Ja damelde ne plache, le roi poissant, Qui fu nes de la uierge en Beleem, Que ie chaiens repaire en mon uiuant. — Der Conj. ist jedoch durch das hypoth. Verhältnis veranlasst; der die Bedingung enthaltende Satz ist nämlich ausgelassen: Aiol 2733: Dont lieue la risee el marchic grant Que n'i oiessies mie nes dieu tonant. — Jord. 3262: Car tex poïst esmouvoir la folie Qu'il en perdist le chief desouz l'oïe. Eine solche hypoth. Wirkung kann auch durch das Cond. angegeben werden: Alisc. 2900: Car teus peust esmovoir la folie k'il le fendroit treschi ke en l'oïe. — Als Modus des Thatsächlichen steht jedoch der Ind.: Am. 42. 1479. 1565. 1961. Jord. 1230: Tant s'esvertue que il au fuist se prant. 1320. 1401. 1439. 1925. 1959. 2335. Alisc. 137: Tant fiert Bertrans et devant et derier ke la grant presse fist molt aclaroier.

4. DIE ADVERBIALSÄTZE DER ZEIT.

Sie bieten den Conj., wenn es sich um einen Wunsch (eine Absicht) oder eine Einräumung, ein Zugeständnis handelt. Vgl. Quiehl p. 31. Bisch. p. 108. Kroll. p. 28. — 1. Tant que = so lange bis, nfr. jusqu'à ce que: HdB. 84,22: ... Et vos enfans, dame, très bien gardés Tant que je soie arriere retornés. 261,21: Mais cevauciés, n'aies soing d'arester Tant que vignés a Saint Morisse es pres. 261,30 Am. 1751: ... Traïnez soit par champ et par couture Tant qu'il n'ait mais robe ne vesteure. 1754 (tant .... que) ebenso Jord. 299. — Jord. 757. 1621. 1812. 2547. 2577. 3121. Alisc. 1500. 1508. 2372. — Der Ind. steht jedoch als Modus der Gewissheit bei Thatsachen und namentlich das Futur bzw. Cond. im Gegensatz zum Nfr. (Lücking § 328b. β Anm. 3.) bei bestimmt zu Erwartendem: Am. 37: Puis ne se virent devant .XV. ans passez Tant que il furent de nouvel adoubé. 61: Mont Chevrol puie tant que il vint en som, Tant que il vint à Borc c'on dist au pont. 332. Jord. 197. 808. 2528. HdB. 19,17. 20,32. 51,1. Mit Futur findet es sich: Jord. 3076: N'auront ja mais repos en lor aé Tant qu'en sauront la droite verité. HdB. 17,5: ... Que il le gart deseur sa loiauté

Tant que il ert de France retorné. Futur und Conj. stehen neben einander: Jord. 776: Ge'l ferai bien conraer et garnir Tant que il puist desor cheval seïr et qu'il porra ses garnemens souffrir. — Der Zeitsatz schliesst sich an attendre an: HdB. 16,17: Tant atendirent que il fu anuitié. Mit Futur: 70,21: Tant atendrés ù palais à entrer Que l'amirés ert assis au disner; ebenso 186,33. — 2. Dessi que, dus que, jusque: Aiol 2053: Mais seruir uous fera par grant amor Dessi que de uous doinst seriant millour. Alisc. 1656. 2358. Jusqu'a celle hore que u. ä.: HdB. 280,26. Jord. 3909. Indicativstellen sind: HdB. 72,13 (Futur) 209,12. 246,25. — 279,17: Ainc ne finerent de corre ne d'errer Dessi qu'il sont ens en la vile entré. Am. 516: .. Ainz ne fina desci qu'il vint en France. Jord. 1385. Aiol 345: Je ne querrai ja autre en mon uiuent Jusques j'orai de lui le couenent... 1411. Alisc. 1539. — 3. Dessi à tant que mit dem Conj.: HdB. 244,30: Mais nous n'osiemes à vo gent cors parler Dessi à tant que l'estors fust remes. — Desci qu'a tant que mit dem Conj.: Jord. 758. — 4. Enfressi que = bis: Aiol 2185: Enfressi a demain que l'aube pere Sares de mon corage, iou de uostre estre. Der Ind. hat jedoch statt: Aiol 509, wo die Zukunft schon anticipiert wird. — 5. Tant com = so lange auch immer, erfordert der verallgemeinernden Bedeutung halber den Conj. des Zugeständnisses: HdB. 22,4: Je ne sai homme tant com Dix soit servis, Si m'aït Dix, de qui soïe haïs.... 23,31. 66,2. 67,4. Am. 2458: ...Ne me faudra tant com puisse durer 2851. Alisc. 203: Tant com el poing me puist durer li brans Voz serai jou vers Sarrasins aidans. 220. 435 (tant com je vive). 2251. 2521. Gar. 144,7: Tant com je vive n'i pora nus dormir, Que ne le fasse de male mort morir. — Mit der Bedeutung von tant com findet sich bisweilen tant que z. B.: HdB. 7,23. 52,17. 65,28 usw. Gar. 55,2: Nel raveras, tant que tu soies vis. So auch einmal bei Chrestien vgl. Bisch. p. 109. — In der Bedeutung des nfr. tant que = „so lange als" mit dem Ind. (Lücking § 294.4) verlangt tant com den Ind.: Jord. 205. 2981 (Futur.) Alisc. 1839. (Futur). Aiol 473 (Futur). — 6. Si = bis, vgl. Gröbers Zeitschr., II, 572 und Romania VIII. 297. Z. B. Aiol 594: Ja dameldieu ne plache, qui le mont fist, que puisse entrer en France le Loeys, S'aie ueu ioster par devant mi Isei c'aucune cose en aie apris. HdB. 19,11. 29,4. Mit Futur: Aiol 480. 552. 1337. — 7. Ainz que, ansoiz que: HdB. 43,33: Honnis soit Karles li rois de Saint Denis, S'il ne me pent ains qu'il soit avespri. 21,18. 27,34. 44,28. 48,14. 95,9.

145,34. 170,25. 231,23. 247,14. 260,5. 265,5,24. 276,34. 287,3. 293.30. Am. 19: Ansoiz qu'Amiles et Amis fussent né... 167. 692. 1552. 1997. 3195. Jord. 309. 1139. 2517 (von Hofmann verbessert) 2727. 2824. 27. 85. 2958. 3143. 3258. 3390. 3508. 93. Aiol 319. 465. 1146: Ancois aures grant paine que i iuengies. 1250. 1256. 2958. 2218: ... Ancois rendra son pere ses iretes, Que amiste de fame noille user. Gar. 15,20. Alisc. 244: Mais, ains le vespre ke il soit enseri.... 315. Aiol 219: Car nel tient on a sage, coi que nus die, Ains en est assottes qu'il soit complie. Alisc. 315: Ains k'il i muire sera moult chier vendu. 968. 1036. 1465. 1501. 1771. 1789. 2490. 2587. 2604. 2688. 2870. Aiol 41. 2669. Gar. 69,12. 75,1. 82,2. 154,9. — Während die ältesten Denkmäler nach den genannten Conjunctionen den Conj. setzen, so weit sie überhaupt darin angewendet werden (vgl. Quiehl p. 32), zeigen die hier untersuchten wie Chrestien (vgl. Bisch. p. 109) in einer nicht unerheblichen Anzahl Beispiele den Ind. (namentlich Futur), wenn der Wunsch weniger stark zum Ausdrucke gelangt, das erwartete Ereignis vielmehr schon anticipiert wird, oder einfach nur ein Zeitpunkt angegeben werden soll.

III. DER CONJUNCTIV IM CONJUNCTIONALSATZE

d. h. in Sätzen, die sich mittelst einer Conjunction, namentlich que, an ein Verb anschliessen. Wir unterscheiden auch hier einen Conj. des Wunsches und der Annahme, je nachdem das Verb im regierenden Satze einen Wunsch oder eine Annahme einleitet.

A. DER CONJUNCTIV ZUM AUSDRUCK DES WUNSCHES.

Er findet sich in Conjunctionalsätzen, die von einem Verb des Wünschens im weitesten Sinn abhängen.

1. DER CONJUNCTIV DRÜCKT EINEN WUNSCH IM ENGEREN SINNE AUS:

α) nach den Verben des Wünschens im engeren Sinn und ähnlichen Wendungen. Vgl. dazu Quiehl p. 14. Bisch. p. 24. Kroll. p. 15. Nebl. p. 8, für das 16. Jahrh. Weissgerber VII. 253, für das Nfr. Lücking § 319.

— 31 —

Die hauptsächlichsten Verben sind: Desirer, estre desirrans: HdB. 52,25: Car moult desir que li cans soit fenis. 148,13. 260,29. 271,6. Am. 3274: Sachiez por voir que moult sui desirrans Que Lubias qui a les iex rians, Aille veoir Et Girart mon anfant. Jord. 2614: ... Sui en grant desirrer Qu'encores la revoie. Souhaidier: HdB. 303,22: Puis souhaida li fer fuissent osté (mit ausgelassenem que). 199,31. 301,27,28. 308,3,19,21. Me vient en gré: HdB. 308,7. Alisc. 1190: Ne me vient pas en gré ke paiens croie la sainte Trinité ... Ne ke Jhesus ait point de poeste. Il me vient eu pansé, en talent, a plaisir: Am. 3271: Sire compains, il me vient en pansé Qu'aille veoir ma famme. Aiol 1005. 2178. Avoir coraige: Jord. 984: Je n'ai coraige, se Deu plaist, que voz faille. Avoir en talent: Aiol 2174: Se vous uoles baisier n'autre iu faire, J'ai tres bien en talent que ie uous serue 2793. Il me tarde: Jord. 3346: Molt li tarjast qu'il fust en la contree. Plaire: HdB. 19,11: Ne place Dieu, ce respont Huelins, Que jamais voie Bordele le grant cit, S'aie veu le roi de Saint Denis. 25,34. 29,3. 44,3. 187,11. 230,25. Am. 396. 2353. Jord. 413: Car pleust Deu qui forma tout le mont Que je volaisse ausiz com uns faucons De ceste chartre.... 519. 615. 632. 1504. Alisc. 102. 2873. Aiol 24: Il plot a Dameldieu .. Que mors fu Karlemaines (l. fust). 109. 594. 1437. 1797. 2338. 2446. Gar. 100,13. 144,1. In ähnlicher Verwendung wie plaire findet sich or doinst dex u. ä.: Am. 1130. 1672. Aiol. 658: Or doinst dex que che soit .I. Sarrasins. 2437: Car se Jesus me done par son commant Que ie m'en puise issir sor l'auferant, Passer le pont de Loire que si est grans Et ie truis le cembel la fors es cans, Ne lairoie por home qui soit uiuans Que n'i uoise ferir de maintenant. Gar. 102,17. Atendre: HdB. 89,30: Tous cois se taist, ne va .I. mot sonant Car il l'atent que il li die avant. 226,17. Tant atendre que mit Futur, da nur der Zeitpunkt angegeben werden soll: 70,18. 186,33: Tant atendrai qe il ert avespre. Estre prest, garnis: Aiol 5276: A lui uous en uiengies, tous est pres qu'il uous prenge. 2244: ... Se plus ai despendu, tous sui garnis, Que ie meche mon gage et fache fin. Voloir: HdB. 45,6: Car nel vorroie pour Loon ma cité, Qu'il i eust traïsson ja pensé. 223,12. 295,20. 284,19. Ein Ausdruck des Wunsches ist zu ergänzen: 82,1: Le lettre lut .... et si vit bien .... que .... et que il doit aler outre la mer, et li aïut qu'il soit outre pasés Et c'autant face du cors du baceler Comme de lui, se là ert arrivés. - Am. 194. Jord. 967. 1241. 1472. 3576. 3649. Alisc. 1529. 2691. Aiol 2801. In den mit amer miex, voloir miex eingeleiteten vergleichenden Wunschsätzen steht das vergleichende que für que quc = lat. quam quod, que ce que Joinv. 71. 302. 317. (vgl. Nebling p. 8). Z. B.: HdB. 229,33: Car j'aime mix que vous chi m'ooiés Que jou retorne, s'arai à vous jousté. Ebenso nach ähnlichen Wendungen: Jord. 1714: Mieus ainz qu'il muire des nostres quatre mil Que vostres cors fust bleciez ne malmis. Am. 2345: Miex voz venist que le m'envoïssiez Que voz folie ne mal en feïssiez. Die afr. Sprache zieht jedoch meist den kürzeren Infinitiv namentlich anstatt des 1. Wunschsatzes vor: HdB. 248,7: Miex veul morir que le laisse tuer. Alisc. 583. 596. 1204: Voir miex vaurroie le cief avoir copé.... ke jou guerpisse le roi de maiste. 2115. 2934. So auch bei miex fust: Am. 1915. Jord. 1001. venir mieus: Aiol 2836. Oft ist der 2. Wunschsatz zu ergänzen: HdB. 281,6: Car mix amaise que je fuse outre mer. 99,21. — Sätze dieses Sinnes können auch durch ains... que eingeleitet sein: das erste Glied des Vergleichungssatzes wird durch das Fut. oder Cond. bzw. Conj. impf. dargestellt, das zweite durch einen Wunschsatz im Conj.: HdB. 207,10: Et souferrai paine et dolour asés Ains que nus hom ait de moi l'amisté. 199,12: Ains me lairai tuer Que jou guerpise Mahommet le mien Dé. 207,5: Ains vous gardroie .XX. ans trestous pasés Que de vos cors n'aie les amistés. 227,19. Jord. 3355. HdB. 277,9: S'il le seussent, par fine verité, Ains se fesissent ocire et decoper Qu'il le laisaisent mener à tel vieuté. 41,13. An Stelle von ains steht der Comparativ mieus: Gar. 8,2: Mais l'arcevesque par ire respondit, Mieus se lairroit traïner à roncins, Que ja i mete vaillant deus Angevins. Das 1. Glied wird besonders betont durch miex ains: Am. 1915: Miex ainz morir que ge'l lais por aler, Qnant mes compains en est à mort livrez. Jord. 1001: Mieus ainz morir que chalonge n'en face. 1714.

β) nach Verben und Wendungen, die eine Handlung ausdrücken, die ein Ziel, einen bestímmten Zweck verfolgt. Vgl. Quiehl p. 34. Bisch. p. 32 Kroll. p. 31. Nebl. p. 10. Es sind diese Sätze nichts anderes als Nebensätze der beabsichtigten Folge, daher der Conj. des Wunsches. Was das Nfr. anlangt, so bedient es sich auch hier des Conj. — wofern es überhaupt diese Ausdrucksweise anwendet und nicht etwa den kürzeren Infinitiv vorzieht, — nach que, das indesseu namentlich nur noch nach Imperativen steht, sonst durch nachdrucksvollere Conjunctionen (afin que = zum Zwecke, dass usw.) ersetzt wird. (Lücking § 328 Anm. 1). — Aidier, secourir: HdB. 77,32: Et se li mande, en fine loiauté Qu'il face autant du cors le baceler Comme de lui, se là ert arestés Et li aït qu'il soit outre pasés. 82,1. 186,26. 230,6. Jord. 92. 3056. Alisc. 553. Der Wunsch ist negativ, das Ziel ein negatives: HdB. 61,32: Si aidiés hui Huon le baceler Que il n'i soit ochis ne afolés Et qe il puist Amauri conquester. 176,9. Alisc. 1917. Handelt es sich nicht mehr um einen Wunsch, sondern um eine Thatsache bzw. um etwas bestimmt zu Erwartendes, so steht auch hier der Ind.: HdB. 78,4: Aidera vous tant que serés pasés. 103,34: Et t'aiderai, se me puist Dix salver, Que tu aras les blans gernons mellés. 207,28: Mahons m'aida que je fui escapés. Ebenso Jord. 1320: Tant m'efforsai qu'à cel chier fust me prins, Ci me gieta por itant sui garis. Aler, venir u. ä.: Jord. 2359: Voldrai jesir et puis à messe aler... Que li miens cors n'en soit point encombrez. Gar. 61,16: De la ville issent que il n'i soient pris. 83,6. Am. 1035: Se vient Hardrez li fel, qu'il m'en escut (l. enoust mit Hofman, vgl. 727) A la bataille serommes. Alisc. 990. Aparellier Aiol 481: Sire, por amor dieu, m'aparelliés, Quant ie uenrai al roi qui Franche tient Que ne soie entrepris por escuier. Baillier, mener: Jord. 2635: En l'onnor Deu le vos ferai baillier Que il voz doinst en tel leu avoier. HdB. 278,12. Aiol 317: „Se dieus me maine en France en saueté Que al roi Loeys puisse parler Ancois que uoies tout cest an passer, Les uous uoil toutes rendre et aquiter." Commander = anempfehlen: Aiol 449: ...Je uous commant a dieu, le fil Marie Qui le chiel et la tere a establie Qu'il deffenge uo cors de uilonie. 2490. Chastier, monstrer: Am. 1625: Je te chastoi, biaus filleus Aulori, Que n'aiez cure de dammeldeu servir. 562. Doner: HdB. 125,19: En l'ounor Dieu lour donne à souper Que il me laist à joie retorner. Aiol 1918: ....Tu me garis de mort et d'encombrier Et me done auenture par te pitie Que ie puisse mon pere encore aidier Et reuisder ma mere qu'en a mestier. 2503. Doner ohne Obj. im Sinne von plaire (p. 31): Am. 1130: Dex doinst li peres qui onques ne menti Males nouvelles m'en laist encor oïr, A mal putaige soit li siens cors reprins. 1672. Gar. 21,10. Ähnlich: Aiol 121: Biaus fieus, ce dist Elies, dieus bien te face Encor me puisses rendre mon iretage. Otroier: Am. 2183:..Et si m'otroit le relief de sa table Que je n'i muire à dolor et à glaive. Deffendre = verteidigen: Alisc. 987: Si me deffent hui cest jor de morir Que à Orenge puisse encore venir. Aber Ausdruck des Befehlens: HdB. 111,28. Errer: HdB. 237,13: Frans hom, por Diu, se vous poés errer Que jou péusse de çaiens escaper Je vous requier. Faire: HdB. 50,12: Miracles face que les puisons véir Que li parjures soit hui oest jor honnis. 174,17. (vgl. Lücking § 325 Anm. 2). Ohne Acc. Object aber mit Objectsatz (Zwecksatz): Aiol 2391: Car faites, s'il uous plaist, hui por moi tant Que cheualier conquiere tout seus el camp, Que renge mort u pris u recreant Que Loeys le sache et tout li Franc, Ne m'iroient hui mais Francois gabant. Gar. 6,2. Auf den Zwecksatz weist por (cou) hin: Alisc. 1373: Por çou le fait li marchis au cort nés K'il ne soit pris de paiens ne d'Esclés. Anstatt ce ein Substantiv: HdB. 80,20: Deseure lui avoit .I. paile mis Por le soleil que mal ne li fesist. Alisc. 648: ... Tot por Guillaume k'il ne soit escapés. Das hinweisende ce ist weggefallen: Jord. 1036: Ne serai riches, por qu'aiez povretez, Ainz voz donrai dou mien à grant plenté. Penser, parler, jurer: HdB. 277,29: Cil jure bien k'il ne soit traînés. Aiol. 227: Mais penses del oeual c'ait a mengier Del feure et de l'auaine ne soit dangiers. 1214. — Gar. 79,2. HdB. 120,2: Por l'amor Dieu, tot belement parlés Que ne le sache li dus de la chité. Prendre conseil: Gar. 5,5: Prenez conseil bon et loial et fin Que il se puissent sauver et garentir. Batre, ferir, jeter, metre, porter, rendre: Jord. 423: Batez les bien.... Que ja des cors nen aient garison. — Jord. 624. 1774. — Am. 2402. — Jord. 329: Metez la damme enz el fons de la tor Preingne conseil à Renier son seignor Qui voz soit à creante. Gar. 138,4. Jord. 1739. 1770. — Jord. 538: Se'l presentons... Qu'il noz en rande guerredon et honor. — Am. 2699: Va, sc li porte et dou pain et dou vin Et de la char por Deu qui ne menti Que Dex me rande mon compaingnon Ami.... Jord. 2300. — Am. 2958: Les huis ferma, si les a bien barrez, Les chambres cerche environ de toz lez Que aucuns hom ne fust laienz remez. — HdB. 72,13: Li rois rendi Gerart ses iretés Toute le tere que Hues dut garder Que il le tiegne en fine loiaute. — Meist negativen Zwecksatz haben nach sich: gaiter; eschaper = nfr. éviter; garir, garantir, sauver, tanser; garder: Gaiter: Alisc. 2058: Entor Orenge vois gaitant la contrée k'il ne s'en isse Guillaumes à emblée. — Eschaper: Am. 2809: Ne autrement tu ne puez eschaper Que tu garisses mie. — Garir: HdB. 25,15: Et proie Dieu.... Huon garisse que il ne soit peris, Lui et ses hommes que n'i soient malmis. 47,13. 50,26. Am. 1188. 1254. 1320. 1440. Aiol 691. 1188. 2933. Alisc. 476: Qui l'atendra ja n'aura garentie Qu'a cele espée maintenant ne l'ocie. HdB. 27,25: Nel porent onques tenser ne garandir Que nel pourfende enfressi que el pis. Am. 1249. 2922. Jord. 3771. 4004. Jord. 3957: Sauvez ma gent que j'ai ci amenée Qu'elle ne soit ocise n'afolée. — Garder: HdB. 45,4: Et si vous proi que le camp bien gardés Que traïsson n'i ait ne malvaisté. 56,32. 181,8. 182,9. 194,14. 302,25. Jord. 360. 1012. 4076. 4152. Mit negativem Infinitiv: 1815. — Gar. 155,1: Dites li bien, gardez n'en soit menti. Alisc. 2054. 2357: Si gardez bien chaens ne l'amenés Dusque je sace de qel terre il est nés. Ob amenés Conj. oder Imp., ist zweifelhaft; ebenso 2361: gardes ne demorés. u. Aiol 233: Gardes ne le vendes. 177 usw. — Der Wunsch ist positiv, der Zwecksatz nicht verneint: garder = nfr. prendre soin: HdB. 111,1: ... Que se tu gardes desour ta loiauté Que tu en veulles par mon consel ouvrer, Je t'aiderai loiaument sans fauser. Alisc. 2828: Gardés ma fille, la cambre soit fremée. Am. 2690. — Jord. 3912. 3938. zeigt pos. und neg. Zwecksatz. — Die Sprache verwendet jedoch vom 16. Jahrh. ab garder meist nur noch in Verbindung mit negativem Ziel, vgl. Weissg. VII. 264. Lücking § 319 Anm. 5. — Als Modus der Wirklichkeit steht der Indicativ, wenn eine Thatsache berichtet wird, die Wirkung thatsächlich erfolgte: HdB. 57,34. 58,12. Jord. 1917: Dex le garist, qu'an char ne l'a feru.

γ) nach Verben und Wendungen des Fürchtens. Der Auffassung des Lat. gemäss betrachtet das Französische den Satz, der den Gegenstand des Fürchtens usw. enthält, als Wunschsatz und fügt bei negativem Wunsch ne zu. Aber sowohl für das Afr. als auch das Nfr. lassen sich Beispiele erbringen, die dieses sonst regelmässig beachtete Gesetz durchbrechen, indem im Afr. bisweilen nicht nur die einfache Negation ne, sondern auch der Conj., im Nfr. aber bisweilen ne zu setzen unterlassen worden ist. Vgl. Rol. 257, Quiehl p. 20; für Chrestien Bischoff p. 30. 31;. Villeh. scheint keine Unregelmässigkeit zu zeigen; Joinville 589, Nebling p. 12; Haase p. 7; für das 16. Jahrh. Weissg. VII. 258 ff. — für das Nfr. Lücking § 320 Anm. 4. In den von mir untersuchten Gedichten scheinen sich keine Abweichungen von der Regel zu finden: Craindre, trambler, avoir paor: HdB. 20,14: La cars nous tramble, li cuers nous asoplist, S'avons paour que ne soions traï. 304,26: Durement crient o'Auberons li faés Ne li féist hontaige et cuvauté. Alisc. 582. 856. 2260. Aiol 1772. Jord 1316: J'oi grant paor ne fuisse si baillis. — (Se) douter, redouter: Jord. 1711: Je douteroie qu'il ne voz ooeïst. Aiol 1783: Ja me douge forment que uous ne me gabes. Am. 927: Car moult redoute Hardré son annemi Que ne le sievent mil home de son lin Qui le voillent ocirre. Der Wunschsatz ist verneint durch ne-pas wie im Nfr.: HdB. 110,13: Mais je me douc que ne soie pas tés Que g'i péusse ne boire n'adeser. Das Verb des Fürchtens ist verneint, das Vorhandensein der Furcht in Abrede gestellt; die einfache Negation im Wunschsatze fehlt: Gar. 59,7: Ne se doutoient Sarrasin ne Escler Qu'en les peust de nules riens grever.

δ) nach Verben usw., die ein billigendes oder nicht billigendes Urteil enthalten. Diese Nebensätze sind entweder Subject- oder Objectsätze, je nachdem das Urteil in einem unpersönlich oder persönlich gebrauchten Verb (bzw. einer verbalen Wendung) liegt. Das Afr. wendet in diesen Nebensätzen beide Moden an: den Conj., wenn in dem beurteilten Satz zugleich das erstrebte Ziel des Urteils enthalten ist, den Ind. jedoch bei Angabe des das Urteil hervorrufenden Grundes. Vgl. für das Afr. Quiehl p. 14., Bisch. p. 41., Kroll. p. 16., Nebl. p. 8. Das Nfr. bedient sich hingegen nur des Conj., vgl. Lücking § 321. — Avoir droit, il est bien drois: Am. 554: Il est bien drois par sainte charité Que's aillissiez veoir et esgarder. — Jord. 825. Gar. 7,2: Si, est bien drois qu'autre conseil soit pris. Alisc. 1060. Dagegen: Gar. 6,1: Il est bien drois que du vostre i metez Et faites tant que il soient armés = "es ist recht, dass ihr thatsächlich dies thut." Estre raisons: Gar. 177,15: Bien est raisons que le séust Garins Li rois avec de oui j'ai Cambresis; Son fief venroit sauver et garantir. Avoir a coustume: Jord. 315: Li miens lingnaiges ne l'a pas à coustume Que traïsson feïsse. 908. (estre coustume). Reprover: HdB. 146,26: En haute court ne m'ert ja reprové Que je le fiere se l'arai desfié. 149,21. Aiol 310. Est mieus: Gar. 7,19: Mout est or mieus, si come il m'est avis Chascuns i mete du sien un sol petit Que perdissions ce dont somes saisis. Am. 1524 (miex fust). Mit ähnlichem Sinn: Gar. 8,2: Mais l'arcevesques par ire respondit, Mieus se lairroit traïner à roncins, Que ja i mete vaillant deus Angevins. Il est mestiers: Aiol 2938: Et il seroit mon pere mout grans mestiers Que fesisse tel cose uers cheualier Dont ie fuise honores et essauchies. Il est avenant: Jord. 1755: Car je sui famme, si n'est pas avenant, Que je ja fiere sor home en mon vivant. Dagegen il convient stets mit dem Infinitiv z. B. Am. 959. Jord. 2171 usw. Il vaut mieus: Jord. 849: ... Ansoiz vault mieus quo me donnez congié. — Mit Infinitiv und dem 2. Glied der Vergleichung: Aiol 3066: .. Mieus uauroit estre mors et confondus Que il or n'en fiere .l. u autre lui. Il vient miex: HdB. 6,29: Miex me venist qu'il l'éust detroncié. 196,2. 228,9. Am. 2087. 2345. Jord. 62.

Aiol 2836: Mieus me uient a soufrir tout son plaidier Et toute sa parolle qui ne uaut rien, Que fesise tel oose al oommanchier, Dont ie fuisse honis et uergongies. Faire pechie: Alisc. 1742: Granz pechiez fet qu'il ne soit encombrez. — Diesen Stellen stehen solche mit dem Indicativ gegenüber, nämlich da, wo es sich um einen realen objectiven Grund (eine Thatsache) handelt, der das Urteil herausfordert, nicht um einen Wunsch z. B.: HdB. 269,5: Sire, grant tort avés Que mon segnour à traïtour tenés. 67,32. 220,23: C'est grans damages que tu sers menestrel. Jord. 1455. Gar. 6.1. Aiol 2597: Uous faites uilonie que me gabes, Et tort et grant pichie et mauaiste. 2604. Der Grund kann auch in einem Zeitsatz mit quant ausdedrückt sein: Alisc. 2926: Quant vos desdist, se fu grans derverie. HdB. 224,11; oder in einem Relativsatz: HdB. 287,13: Vous aves tort, qui mon vin respandes. usw. — Der Ind. steht im Gegensatz zu dem nfr. il s'en faut.. que mit dem Conj. (vgl. Lücking § 321 Anm. 1.) bei Wendungen wie: petit en faut und dgl.: Alisc. 2586: Petit en faut ne leur est oourus sus. HdB. 224,6; à poi que: Jord. 1116: Charles le voit, à poi que il n'enraige. 1682. 1716. 2427. 2481: a poi n'est de duel mors. Aiol 1953. 2573. Vgl. auch Kroll. p. 18., Haase p. 10. Das Afr. giebt hier einfach die Thatsache wieder, dass etwas nicht geschehen. Das 16. Jahrh. zeigt hier schon den Conj. (Weissg. VIII. 282).

ε) nach Verben usw., die einen Affect oder ein affectvolles Urteil bezeichnen, doch nur, wenn nicht nur der Gegenstand des Affects, sondern zugleich — wie bei den Verben des Billigens etc. — das erstrebte Ziel im beurteilten Satze zum Ausdruck kommt. Die hier untersuchten Werke zeigen nur in wenigen Fällen sicher den Conj., da der Wunsch ausgedrückt werden soll; in den übrigen jedoch den Ind., wobei indessen sehr oft der Nebensatz in anderer Weise als durch einfaches que eingeleitet wird (z. B. de ce que usw.). Der Ind. scheint überhaupt der vorwiegende Modus gewesen zu sein, da der Conj. sich weder bei Chrestien (vgl. Bisch. p. 45), noch Villeh. (vgl. Kroll. p. 22), noch Joinv. (vgl. Haase p. 9) zeigt; auch das einfache que ist selten. So noch im 16. Jahrh. (Weissg. VIII. 274). Das Nfr. hat jedoch den Conj. zur Regel gemacht, ausser bei der objectiven Darstellungsweise durch de ce que, wobei indessen auch bisweilen nach Analogie von que der Conj. angewendet wird: Lücking § 322. — Die Stellen mit dem Conj. sind: Jord. 645. 1411. Aiol 2930. Es seien zugleich einige Ind.-Stellen angeführt. — **Chaloir**: Jord. 1411: Ne li chaut gaires que se vende li blés. Aiol 2930: Li glous uait a l'ostel si s'est couchies, N'en liet il mais des mois, Aiol n'en chiet. **Regretter**: Jord. 645: Lor fil regretent à basse vois serie Que ne l'ocissent la pute gent haïe. — **Il me poise**: HdB. 261,2: Forment me poise que plus ne demorés. Am. 1410: Dès or li poise que il ot ainsiz dit. Alisc. 2498. 2965. — **Estre espoenté, iré, grains et dolans**: HdB. 206,31: Car moult sui lie que m'aves espose. Aiol 664: ... Et li .III. escuier sont mout ire, Que lor compain gist mors en .I. fosse. Aiol 2382. — **Me dueil**: Am. 188: Forment me dueil que lonc tans voz ai quis. — **Ce est merveille**: Aiol 351: Certes, c'est grans meruelle que ne me fent Li ceurs que i'ai el uentre tout esranment, Quant or s'en ua mes enfes. Jord. 883. 1267. Alisc. 1070. In den meisten Fällen wird jedoch der Satz, der den Grund zum Affect bzw. affectvollen Urteil enthält, nicht durch blosses que, sondern auf andere Weise an den Ausdruck des Affects angereiht z. B.: durch **de ce que**, wobei ce auf den folgenden Grund hinweist: Jord. 1597. 2053. 2950. Alisc. 1750. 1810 (d'une chose — ke). HdB. 238,25: Je li sai moult mal gré, De chou qu'il fist, oder das causale **por ce que**: Aiol 2602: Li auquant l'ont laisie qu'en ont pite Por chou que belement l'oent parler. 2618. 2758. — Jord. 2953. — Ähnlich **por ... qui**: HdB. 312,10: Li bourjois ont moult grant joie mené... Tout pour Huon qui ra ses iretés. 243,16. Häufiger steht ein Temporalsatz mit **quant**: Am. 431: Ce poise moi quant si poi ont regnié. 503. HdB. 15,13: J'ai si grant duel quant. 7,5. Aiol 353. HdB. 251,14: (j'ai molt le cuer mari), oder ein Bedingungssatz mit **s e**: HdB. 194,11: Che fust damaiges se l'éusse tué. Jord. 2096. 2716, Alisc. 143. 659. 1089 (n'est pas merveille se). Der Grund des Affects liegt in einem indirecten Fragesatz: Aiol 348: Biaus fiex, mout m'en meruel, u tu chou prens Dont te uient cis memoires et chis grans sens. Am. 1954. Alisc. 2794: Petit vos chaut comment vingne la blé, mit concessiv. Sinn, daher der Conj. Ein vorausgehender Hauptsatz enthält den Grund: Alisc. 1821: N'es pas Guillames! toute en sui esfreée. 1361.

ζ) Ein abgeschwächter Wunsch zeigt sich nach den Verben usw., die eine Einräumung, ein Zugeständnis ausdrücken. Vgl. Quiehl p. 18., Bisch.

p. 49., Nebl. p. 10., Kroll. p. 16 und für das 16. Jahrh. Weissg. VIII. 294. Auch das Nfr. hat diese Auffassungsweise bewahrt: Lücking § 319a und 329. — Z. B. A c o r d e r: Jord. 4118: .. Tant qu'en la fin se sont tuit acorde C'on escorchast le traïtor prouvé .. C o n s e n t i r: Am. 2251: Fil à putain fel traïtor parjur, Qui consentistez qu'elle m'ait si batu. Jord. 1335. Alisc. 1180. D o n e r: HdB. 21,16: Damedix doinst que Karlos soit ocis. 48,17. 71,19. 267,5. E n d u r e r: HdB. 297,29: Mais se Dix vuelt si grant tort endurer Que vous soiiés pendus et traînés Dont di ge, certes, Mahons vaut miex asés. Am. 2025 (souffrir u. endurer). S o u f f r i r: Am. 2674: .. Ne souffrez mie que je soie periz S'aurai veu mon conpaingnon gentil. Gar. 82,16. L a i s s i e r: Jord. 890: C'est li Fromont qu'il ne volt pas laissier Que, se li fel le voloit enchaucier, Que s'en poïst partir et esloingnier (mit Wiederholung des que). Aiol 157. O t r o i e r: HdB. 292,34: Se ne les puis ambedeus conquester Et ne lor fais gehir ains l'avesprer, J'otroi que soie pendus et encroés. 290,27. Alisc. 2844. Wie nach Verben des Beschliessens im Nfr. und Afr. anstatt des Conj. das Fut. bzw. Cond. stehen kann, so hier nach otroier, da das feierliche Versprechen — plus l'oïrent de mil — sicher zur Thatsache werden wird: Gar. 149,18: ... Et m'otroia (plus l'oïrent de mil), S'il escheoit honor en son païs Qui me seist et me deust abelir, Que je l'aroie sans nes un contredit. Über das Futur bei Verben des Befehls: commander, crier le ban vgl. p. 39 und 40.

2. DER CONJUNCTIV DRÜCKT EINE BITTE, EINE AUFFORDERUNG, EINEN BEFEHL AUS

nach den Verben des Bittens, Forderns und Befehlens. Vgl. auch Quiehl p. 16 ff., Bisch. p. 35 ff., Kroll. p. 15., Nebl. p. 9., Lücking § 319. — Z. B.: A p r e s e r = mit Bitten bestürmen: HdB. 67,33: .... grant tort avés Que de Huon tant forment m'apresés Que jou li renge toutes ses iretés. C o m m a n d e r: HdB. 17,4: Li commanda sa tere à garder Que il le gart deseur sa loiauté. 117,3 167,17. 192,12. 277,28. 278,18. 302,24. 302,34. Am. 1278: He Dex, dist elle, qui formas toute jant Et commandas au baron Abrahant Que sacrefice feïst de son anfant. 2175. Jord. 754. 3434. 4111. Alisc. 2984. Gar. 20,4. 42,21. 45,16. 90,11. 102,5. (commandé et dit) 109,16. Der Ind., das Fut., steht wie bisweilen im Nfr. (Lücking § 295. 2b): HdB. 310,27: Je vous commant, si kier que vous m'aves, .III. ans pasés, à Monmur en venrés, Si averés toute ma roiauté Et aveuc chou arés ma disnité. So auch bei otroier, mander vgl. p. 39. Mander: HdB. 4,6: Sel me manda chil que tot puet jugier, C'est nostre Sires, par l'angle saint Mikiel Que jou géusse à ma france moillier.... 77,30. 82,27. 264,21 ohne que: 11,30 usw. — Am. 3465. Jord. 170. 252 742. 1467 (veingnois). 3126. 4146. Gar. 114,12: Mandez Garin que il vengne a vous ci. 56,4. 72,11. Die Aufforderung steht im Imp. der Lebhaftigkeit der Rede halber: HdB. 208,10. Am. 2488. Jord. 276. 754. Gar. 180,12: Or si vous mande Hues.... Secorez le.... Alisc. 2392. 2436. — Mit Futur: HdB. 181,26. — Vgl. Bisch. p. 40. — Conjurer: Die Aufforderung ist unabhängig durch den Imp. ausgedrückt: Am. 679: Je te conjur.... retorne t'an arriere.. 3351. HdB. 127,4. Der Imp. ist wohl auch anzunehmen in: HdB. 98,6: Vous conjur jou que vous me salues. 100,25. 103,11. 294,24. — Crier (le ban): HdB. 120,27: ...Et si faciés trestot partout crier Que s'il i a ne fol ne menestrel Ne lecéour qui n'aient ça loiier, Qu'il viegnent tot mangier à mon ostel. 121,32. 225,10. 238,1. Am. 3247: Amiles fait crier par la cité Que nus ne soit tant hardis ne osez Que en la ville ost mengier aprester. 1472. 2365/72/80. Jord. 3916. Gar. 90,15. In den Stellen HdB. 45,17. 135,10. 199,5: Rois Auberons a fait le ban crier, Qui Diu velt croire qu'il n'avera nul mel. ist das Futur vielleicht durch den Bedingungssatz der Wirklichkeit veranlasst. Se clamer: Am. 2093: A Deu m'en claim le glorioz dou ciel Qu'il m'en face venjance. Deffendre mit einfachem ne (vgl. Bisch p. 40., Kroll. p. 17) im Nebensatz, das sich im Nfr. nur noch vereinzelt erhalten hat, vgl. Lücking § 319 f. Anm. 4.: HdB. 140,12: Deffendi vous, sor les membres perdant, Que vers Dunostre n'alissiés ja tournant.... 175,29. 137,14 (deffendre et veer) 111,28. 116,28. 136,12. 137,10. 200,8. 209,11. 293,21. 311,21. Gar. 54,15. Demander: HdB. 227,34: S'irai là fors bataille demander A Yvorin qu'il m'envoit à jouster un Sarrasin du miex de son ostel. Am. 3287. Deprier: Aiol 2164: Damelde depria qui ne menti Que il fache a son pere boine merchi. Dire: Der Gebrauch der Ausdrücke der Aussage als solche des Befehlens und des Aufforderns war sehr beliebt (Bisch. p. 36., Kroll. p. 19., Haase p. 7), ist auch dem Nfr. nicht unbekannt. Ein solches Verb ist daher bisweilen in einem Satz zugleich Verb der Aussage und des Befehls, was auch das bei Lücking § 319 Anm. 1 angegebene Beispiel für das Nfr. bezeugt. So auch Am. 1195: Moi dist uns mires... Que en mon cors avoie grant frison Et que à fame n'éusoe habitacion Ne compaingnie. — HdB. 10,5: Et si me dites la ducoise al vis fier Qu'ele me face ses enfans envoiier. 10,21. 174,27. 262,1,3. 263,23. 295,19,27. Am. 254. 2905. Jord. 1817. Alisc. 201. 2253. Aiol 2228. Ohne verbindendes que: Gar. 69,16: Dites Richard viegne parler à mi. Die directe Aufforderung steht statt des Conj.: Am. 244 (dire = conseiller raten); 556 (dire et conter = ans Herz legen). Jord 1808 usw. Contredire; deraisnier et parler: Jord. 1303: Se iez fantosmes, de Deu te contredi Que de parler n'aiez vers moi loisir. 2230. Doner letres, conseil; loer: HdB. 208,3: Et se li fait boinnes letres donner Que il li fache sa nieche ramener. 226,22. 119,9. Escrier: Jord. 2420: ... Tuit li escrient si baron et si home Que remaingne en la terre. Aiol 1075. Hucier: HdB. 5,30: Car cascun jor me venoit il hucier Que jou fesisse armer I. chevalier. Jugier: HdB. 296,2: Jou jugeroie se me puist Dix aidier Se le voules vous trestuit acorder Que Hues rait son païs et son fief et Gerars soit traînés à destriers. Mercier: Jord. 2647: Moult doucement de Deu l'en mercia (= er dankte ihm mit dem Wunsche...) Qu'il li merisse les biens que fais li a. Zu merisse vgl. Aiol 3510. crier merci: Jord. 3028. 3448. 3455. 3641. Proier: HdB. 53,31: Et je proi Dieu, le roi de maïste Que li parjures i soit hui vergondés. 45,3. 66,7. 67,8. 76,26. 79,16. 97,30. 99,15,18. 206,34. 245,6. 276,11. 290,1. 294,26. 296,20. Am. 1618. 2079. 2186. 2630. (voldroie proier). 2785. 3008. — Jord. 2438. 2976. 3942. Alisc. 392. (dire s'orison). 2040. 2258. 2377. Aiol 117. 139. 1938. 2129. Gar. 7,6. 29,18. Die Conjunction que fehlt: HdB. 25,15. 50,12. 67,24. 133,9. Am. 117. 998. 2180. 2896. Jord. 503 usw. — Auch hier hat man bei vielen Formen die Wahl zwischen Conj. und Imp.: Jord. 370. 1032 (gabez) usw. Reclamer: HdB. 250,20: Dieu reclama, le roi de paradis, Qu'il ait de s'ame et manaide et merchi... 152,11. Jord. 1264. 2865. 3317. 3442. Alisc. 336. 417. Aiol 773. 1722. Gar. 25,14. Requerre: HdB. 3,27: Ains vous requier, nobile chevalier, Que faciés roi qui tiegne le regnier. 7,7. 18,5. 42,6. 183,12. 223,21. 229,27. 376,5. Rover: HdB. 71,1. Semondre: HdB. 283,5: Je semonc hui les pleges pour Huon Qu'il me tienent le traïtor felon. Gar. 72,4. In einer beträchtlichen Anzahl Beispiele finden wir im Wunschsatz anstatt des Conj. den Modus des directen Befehls, den Imp. Der Sprechende verleiht damit seiner Bitte usw. einen grösseren Nachdruck. Der Imp. konnte indessen offenbar nur so lange in diesem Falle angewendet werden, als der Wunschsatz nicht in dem Masse als abhängig aufgefasst wurde

— que konnte ja ganz weggelassen werden — als heute, wo die Conjunction unerlässlich ist. Teils ist die Conjunction que weggelassen worden, der Imp. unabhängig angefügt: HdB. 84,20. 118,23. 134,3. 213,33. 229,20. 237,14. 249,15. 256,4,10. 259,27; teils abhängig mit que: HdB. 82,22: Je te conjur... que voir me dites.. 273,27. Am. 576. 2488. Das persönl. Pron. steht pleonastisch beim Imp.: Jord. 589. Mais or voz proi... Que voz ne'l dites à nul home qui vive. 2560. 2630: Por Deu voz pri, ne voz chaut d'esmaier Mais voz nes faitez au port appareillier... 3457. Vgl. Bisch. p. 40, Nebl. p. 9. — Der Conjunctiv ist zu erklären durch Ergänzung eines Verbs der Aufforderung: HdB. 79,8: Li dus morut, et li hoirs me rapele Par mes amis, qu'il m'alaisent requerre, Si me rendi mon pais et ma tere. 150,1. 235,34. Jord. 3283: Je n'en panroie tout l'or de dis citez Que il ne soit à martyre livrez. 3792.

B. DER CONJUNCTIV ZUM AUSDRUCK DER ANNAHME

in Gegenstandsätzen nach Verben des Seins, des Wahrnehmens, Denkens, Sagens und des Scheinens, ferner in indirecten Fragesätzen und hypothetischen Sätzen.

1. **Nach den Verben des Seins, Geschehens, wenn sie verneint oder hypothetisch gebraucht sind d. h. etwas nur angenommen oder bedingt wirklich ist: être, arriver, se faire.**

Der Inhalt des Subjectsatzes erscheint also nur angenommen oder bedingt wirklich, daher bedient sich der Sprechende des Conjunctivs. Vgl. Quiehl p. 15., Bisch. p. 52., Nebl. p. 7., Kroll. p. 13, für das Nfr. Lücking. § 325. Z. B.: Jord. 2706: ...Ne puet remaindre qu'il n'i aient dammaige. Gar. 119.6: Mais ne puet estre qu'arriere fu (l. fust) Garins Et avec lui Guillaumes de Monclin... Jord. 1365: Se ce te faut dou jou te meschiet Que ne t'enmaingnent serjant ne chevalier... A mon hostel saurez bien repairier. Aiol 128: S'auenoit que bataille eust furnie, Et dieus li donoit faire ceualerie, Se l'ameroit li rois et la roine.

2. **Nach den Verben des Wahrnehmens, des Denkens, Sagens unter denselben Bedingungen wie bei Nr. 1 d. h. also wenn die Gewissheit des im Nebensatz Ausgesagten in Abrede gestellt oder in Zweifel gezogen wird.**

— 43 —

Dieser Gebrauch wurde im Afr. allgemein beobachtet: vgl. Quiehl p. 21., Bisch. p. 53 ff., Kroll p. 11., Nebl. p. 13, und auch die neuere Sprache hat daran festgehalten (Lücking § 323).

a) **Die Gewissheit wird verneint durch einen negierten Hauptsatz, eine Frage mit neg. Sinn, einen irrealen hyp. Hauptsatz: Z. B.: Croire**, verneint: HdB. 121,12: Ne pot pas croire que ce fust verités. 297,15 (ne velt croire). Alisc. 1934. **Cuidier**, verneint, fragend und conditional: HdB. 152,23: Ne cuidai pas que tu fuses itès Q'ens la caveche li péusses entrer. Jord. 1018. 1084. 2149 Aiol 2252. Bemerkenswert ist der Conj. impf. mit dem Sinne des Futur nach dem Prs. im Hauptsatz: Aiol 1577: Je ne quic que li rois conte en tenist. – HdB. 41,10: Quidiés que fusse dont issi nonsaçant k'a vostre cort venisse pour garant? – Am. 3230: Se je cuidaisse hui main à l'ajorner Que volsissiez mes anfans decoler, Remese fuisse... **Dire**, verneint und cond.: HdB. 49,29: Je ne dic mie que Karlot n'aie ochis. (chanter = dire:) Alisc. 437: Ne chanteront en vain li gogleor Que jou de terre i perde plain .I. tor Tant ke je soie en vie. – Gar. 124,12: Si m'aīt Diex, s'en éussiez dit tant.... Que vous seīst la pucelle au cor gent, Je vous donasse et l'onor et la gent. **Faire creable**, verneint cond.: HdB. 71,11: Mais s'il ne puet .IIII. dens raporter.... Et faire bien creaule en mon ostel Que il li ait de la geule gietés, Mais ne retourt en France le regné, Car jel feroie à fourqes encruer. **Penser**, verneint: Gar. 6,7: ... Ne devriez, pour mil mars d'or, penser Qu'i meïssions trois deniers monees. **Savoir**, verneint und cond.: HdB. 41,7: Je nen seuc mot que ce fust vostre enfant. 43,20. 49,34. 76,15. – HdB. 41,9: Se je séusse, par le cors saint Amant, Que fust vos fiex chil c'ai ocis.... 156,9. 225,4. Aiol 2074. Gar. 186,6. – Gar. 101,19: Desconfit fussent Paien et Sarrasin Se il savoient que nous fussions ici. Aber der Conj. nach **ne pas celer**, nfr. ne pas dissimuler (Lücking § 323 Anm. 2), Am. 2909 ist der der bescheidenen Aussage (vgl. p. 30). **Estre seur**, cond.: Am. 1986: Volentiers sire, mais que seure fuisse.... Que n'i fust mise vostre espee nue.

b) **Die Gewissheit wird zweifelhaft durch Verba, denen ein gewisser Grad Ungewissheit, Zweifel innewohnt z. B. cuidier, einen fragenden oder einen realen hyp. Hauptsatz: Cuidier** = sich einbilden, wähnen, schliesst eine gewisse Ungewissheit in sich, der Gegenstand des Wähnens wird also als unsichere, zweifelhafte Annahme hingestellt. Daher im Afr. sehr oft der Conj. der Annahme: HdB. 26,15: Hues cuida que il voir li desist. 34,19, 64,4. 183,13,15. 307,9. ohne que: 237,7. 273,24. 291,9. — Am. 1520. 3396. — Jord. 801. 3154. Alisc. 1332. 1580. Aiol 1441. 1709. Gar. 85,12. 119,5: Car il cuidoient que tout l'ost revenist. Auch nach anderen positiven Verben der blossen Vorstellung findet sich dieser Gebrauch, bis in unsere Zeit hinein bei on croirait, on dirait, croire, penser: Lücking p. 258 Am. 1. Es sind anzuführen: Croire: Jord. 2953: .. Qu'il croit qu'il soit noiez. HdB. 28,32. 34,1. Vgl. weitere Beispiele aus anderen Werken bei Quiehl p. 22 für cuidier und penser, Bisch. p. 58 ff. für cuidier, penser, croire, Kroll. p. 9 für cuidier, Nebl. p. 13 für cuidier und ein Beispiel für den Conj. nach croire. — Ferner moi est vis und ce m'est avis: Alisc. 1494: Mais li marchis a tant esperouné, C'une grant lieue a paiens trespassés Dont li est vis k'il soit a saveté. Jord. 1275. — HdB. 102,29: Cou m'est avis.. Que il n'ait mie plus de .V. ans pasé. Indessen folgt nach ce m'est avis gewöhnlich der Ind.: HdB. 169,16. 216,18 usw. Vgl. auch Bisch. p. 70. Der Conj. nach penser = sorgen für, dafür sorgen, dass, z. B. Aiol 227 ist ein Conj. des Wunsches. Es finden sich indessen auch Stellen, wo cuidier mehr die Bedeutung „glauben, für wahr halten" hat und den Ind. bedingt: HdB. 38,4. 159,21. Jord. 1414. 1862. Alisc. 1708. 2309 usw. — Die Frage kennzeichnet den Inhalt des Nebensatzes als ungewiss: Jord. 344: Quide elle ores por ses riches parens Que ne l'osaisse justicier tant ne quant? Alisc. 1589: Quidiés vos ore ke soiemes berger? Dagegen ändert die Frage mit posit. Sinn nichts an der Gewissheit der im Nebensatz berichteten Thatsache: Am. 2735: Et dist Amis: „Ne sai qu'en tient a vouz. Ne veez vouz que je sui uns lieprouz?" (Vgl. Lücking § 323 Anm. 1). — Croire, cond.: Alisc. 1194: S'ensi le crois com jou l'ai devisé ke en la virge n'éust humanité Jou te lairoie aler a saveté.. Ebenso dire: HdB. 42,25: Et s'il veut dire que j'aie menti Ves chi mon gage, et je le vous plevi Que c'est tout voirs canque jou ai ci dit. An folgenden Stellen steht der Ind.: HdB. 153,21: Se tu lour dis que t'es de France nés Isnelement aras le poing copé zum Ausdruck der Thatsache und 292,28: Et si vuelt dire que jou di fauseté, Tres bien le faites fervestir et armer.... um die Ansicht eines Anderen als bestritten darzustellen.

(Lücking § 323, Anm. 4). — Porpenser, fragend: HdB. 185,15: Biax niés, dist ele, estes vous pourpensé Que vausissies faire ma volenté? — Nach den positiven Zeitwörtern der Vorstellung, der Wahrnehmung und der Aussage steht sonst regelmässig der Ind. wie im Nfr., da die Wahrnehmung usw. als sicher, wirklich gekennzeichnet wird; z. B.: afier, asseurer u. ä.: HdB. 40,20. 165,15. Jord. 1525. 1635. 2657. croire, faire a croire: Jord. 937. dire: Am. 456. 1060. 2416. 2904. entendre: Jord. 1535. avoir bien fiance: Am. 1361. jurer: HdB. 21,34 111,20. 208,27. (Fut.) Am. 833. 1832. Jord. 101. 318. 447. 1089. 1837. Aiol 1864. (plevir et jurer:) Am. 1025. Jord. 1730. plevir: HdB. 70,31. 176,16. Am. 807. (Fut. nach Prt. im Hptstz.) 599. Jord. 555. 594. 1581. veoir: Am. 2960. 2735. — Jord. 1721. — Aiol 1097. — savoir: Am. 1262. estre veritez: Jord. 2658. se porpenser: Aiol 1089. avoir conseil: HdB. 278,10. — Die hierbei aufgeführten Verben des Versprechens und Beschliessens finden sich nur mit dem Ind., da der Inhalt der Versprechens als sicher sich erfüllend betrachtet wird. Vgl. auch Bisch. p. 65., Nebl. p. 11., Kroll. p. 21. Der Conj. ist indessen auch bisweilen im Afr. zur Anwendung gekommen, vgl. Bisch. p. 66., Kroll. p. 21., Haase p. 8.

3. Nach den Verben des Scheinens u. Schein-Erweckens unter denselben Bedingungen wie bei den Ausdrücken der Wahrnehmung usw.

Der Schriftsteller bedient sich aber auch des Conj., bei positivem Verb, wenn er den empfangenen Eindruck, den der Nebensatz enthält, als subjectiv, unsicher, zweifelhaft darstellen will, des Ind. dagegen, wenn der Eindruck ihm als sichere Thatsache erscheint, wie es bei il me semble noch im Nfr. geschieht. (Lücking § 323 Anm. 3.) Vgl. auch Bisch. p. 68., Kroll. p. 13., Nebl. p. 7. — Sembler: HdB. 100,31: Molt sovent sont arriere torné. Adès lor sanle qu'i lor soit au costé. mit d. Conj. im Gegensatz zum Nfr., da der Eindruck als subjectiv unsicher bezeichnet werden soll (= sie wähnten). Dem Nfr. dagegen entsprechend: HdB. 296,32.: Mais si vous sanle, signor, que çou soit bon, Tous nos conseus getons sor duc Nalon. Der Ind. findet sich dagegen, wie im Nfr.: IIdB. 19,5: Il me sanloit, loiaument le vous di, Que. III. lupart m'avoient assailli Si me traioient le cuer de sous le pis (das während des Traumes Geschene erschien ihm als volle Wirklichkeit). 149,15: Car il li sanble che seroit grant vieutes. 244,31: Mais ce nous sanle qu'il vous est escapes, Car laiens sont enclos et enfermé Et moult i ont de vostre gent tué (Der Sprechende hat also Grund genug seine Wahrnehmung als sicher hinzustellen). Paroir mit beschränkendem mal: Aiol 1980: Mal pert a son ceual ne a ses armes, Que il ait en son ceur tel unselage Que il aquitast Franche par son barnage. Faire semblant: Am. 1136: Samblant faisoit que la volsist laidir Quant si home li toillent. Ensement faire = f. semblant: HdB. 62,28.: Ensement fist qu'il le vosist ferir Par desus l'elme ù l'escarboole sist.

4. Die indirecten Fragesätze.

Sie mögen als Gegenstandssätze hier behandelt werden. Während das Lat. sich des Conj. in indirecten Fragesätzen bediente, das Nfr. ausschliesslich den Ind. anwendet, besitzt das Afr. die Möglichkeit je nach dem Sinne des Fragesatzes einen der beiden Moden zu wählen. Erscheint der ganze Inhalt des Fragesatzes als Annahme, ungewiss, unsicher, zweifelhaft, so bedient sich der Dichter des Conj., dagegen des Ind., wenn nur etwa ein Teil des Satzes z. B. das Subject zweifelhaft erscheint. Schon im Afr. überwiegt der Gebrauch d. Ind.: vgl. Bisch. p. 70; Quiehl p. 23; Kroll. p. 10; Nebl· p. 14. — Der Hauptsatz ist verneint: HdB. 112,26.: Adont se sont durement esfraé, Car il ne virent ù il puissent paser. Hier ist der ganze Inhalt des Fragesatzes, das „paser", in Frage gestellt, nicht nur der Ort. Es konnte ja vielleicht überhaupt keinen Übergang geben. 133,34.: Por Diu, biau sire, vo coraige tenés, Car on ne set ù on se puist fier. Aiol 27. Loeys ne set mie ù se puisse garir N'en quel de ses chastieus il se puisse garir Enfressi que al ior que uos poes oir Que il sa serour done a un conte gentil. 105.: Ahi, biaus fieus Aious, de uous ne sai que face.... 113. 108.: Ne uoi qui uous aprenge del ceual ne des armes. Alisc. 580.: Diex, je ne sai qel part mon ceval maingne. 2268.: Alez i, sire, ne sai ke plus en die. 2429. Jord. 3274. 3597. Der verallgemeinerte Sinn des Fragesatzes erheischt den Conj.: Alisc. 2794: Petit vos chaut comment vingne la blée. Statt des vollständigen Verbs im Fragesatz findet sich oft der Infinitiv wie im Nfr.: Aiol 1574.: Sire, ne sai que dire 1637. Gar. 45,3.: Dolente suis, ne snis que devenir. usw. — Eine häufigere Anwendung findet jedoch

der Ind., auch wenn der Hauptsatz verneint
ist: 1. Der Fragesatz beginnt mit einem fragenden Fürwort bzw. Adverb (com, dont usw.):
HdB. 16,4. („wer" sie getötet, ist fraglich, daher der Indic.):
On ne saura quis ara detrencies. 36,26.: Car je sai bien c'on le vient
aportant Et je ne sai dont il est, de quel gent (sein Dasein ist gewiss, aber Huon kennt nicht seine Abstammung.) 273,28. Am.
948. 2308. 2734. 3120. 3124. 3498. usw. Jord. 481. 533. 1285. 1293.
1528. 1577. 1968. 2037. 2547. 2586. 2593. 3707. Aiol 289. 2978. usw.
Alisc. 2161. 2163. 2353. Gar. 47,3. usw. 2. Der Fragesatz ist
durch se = ob eingeleitet: Am. 2790. 2903. 2913. 3306.
Aiol 1751. Alisc. 2326. usw.

5. Die hypothetischen Sätze: Der Ind. beherrscht im Afr. schon ein grösseres Gebiet in hypoth. Sätzen,
als dies im Lat. der Fall war, da in dem „als möglich angenommenen Falle" für den Conj. Prs. od. Pf. (exemplum
fictum) der Ind. bzw. das Cond. eingetreten ist. Der Ind.
findet sich also nicht nur da, wo es sich um den realen Fall
handelt, sondern auch bei dem als möglich angenommenen.
Das Gebiet des Conj. beschränkt sich daher auf den 3. lat.
Fall, wobei die Bedingung nicht erfüllbar ist od. nicht erfüllt
worden ist. Aber auch hier wurde der Conj. schon oft aus
dem Folgesatz verdrängt und durch das Cond. ersetzt, der
Ind. Impf. bzw. Pqpf. fand sogar zum Ausdruck der Bedingung Verwendung, sodass im Nfr. seine Anwendung noch
beschränkter ist. Der Conj. Pqpf. ist im Nfr. noch gebräuchlich an Stelle des Ind. Pqpf. und des Cond. der Vergangenheit, ferner nach den vergleichenden Conjunctionen comme
(wie) usw. (vgl. Lücking § 297. 1 und 2.) Die hier untersuchten Werke zeigen den Conj. Prs. einzig und allein nur
noch in den beteuernden Bedingungssätzen: se Dieus m'aït,
in allen anderen Fällen den Ind. Der Conj. Impf. tritt indessen trotz der Verdrängung aus dem Nebensatz durch den
Ind. und das Cond. im Hauptsatz häufig auf, namentlich
auch noch in seiner ursprünglichen Bedeutung (als lat. Conj.
Pqpf.), trotzdem der zusammengesetzte Conj. Pqpf. schon in
Haupt- und Nebensatz Eingang gefunden hatte. Als Übergangsstufe zur modernen Construction mit Ind. Impf. im Be-

dingungssatz und Cond. im Hauptsatz ist die Construction anzusehen, bei der der Nebensatz noch den Conj. Impf. zeigt, der Hauptsatz aber das Cond. Für die Bedingungssätze der Nichtwirklichkeit der Zeitsphäre der Vergangenheit lassen sich als Zwischenstufe hypoth. Sätze anführen, die anstatt des Conj. Impf. (= lat. Conj. Pqpf.) in Haupt- oder Nebensatz bereits die zusammengesetzte Form des Conj. Pqpf. zeigen, also auf dem Wege zur heute noch gültigen Construction mit dem Conj. Pqpf. in Haupt- und Nebensatz, die sich in unseren Dichtern nicht gerade häufig findet, sind. Selten kommt daneben auch der Ind. Pqpf. und das Cond. vor.

A. VOLLSTÄNDIGE HYPOTHETISCHE SÄTZE.

I. Vollständige hyp. Sätze der Zeitsphäre der Vergangenheit.

1. Conj. Impf. (= lat. Conj. Pqpf.) in Neben- und Hauptsatz: si habuissem-dedissem z. B.: HdB. 277.8: S'il le seussent, par fine verité, Ains se fesissent ocire et decoper Qu'il le laisaissent mener à tel vieute. 32,17. 63,16. 268,24. 307,13. Am. 535: Se il volsist, ja fust la chose outree et faite la folie. 2127. 2327. 3229. Jord. 1751. Si mes ohiers peres voz ceinsist or le brant Et la colee voz donnast maintenant Il voz venist, espoir, plus à talant. Alisc. 2862: Se lui léust par lui fust afolee. Aiol 1805: Con fuisse ore garie, s'il me daingast amer! 2306. 2645. 2781. Gar. 114,9: En ceste terre uns sol ja ne venist, Se ne feussent et Buegons et Garins. 136,10.

2. Conj. Impf. (= lat. Conj. Pqpf.) im Bedingungssatz und Conj. Pqpf. im Hauptsatz: der Conj. Impf. ist durch den zusammengesetzten Conj. Pqpf. bereits aus dem Hauptsatz verdrängt z. B.: HdB. 14,25: Se vous créisse par Dieu le droiturier, Jou les eusse oohis et detrenchiés. 58,2. 90,10. 104,6. 129,11.: Se il ne fust, j'eusse esté tues. 156,9. 225,4. 238,30. 240,34. 270,13. 307,13. Am. 2541: Ja li eussent moult bele chose fait Et tant donné, ja povres ne fust mais, Se ne fuissent si frere. 2600 Jord. 3737.: ... Moult tost eust faite la retornée Se il osast por honte. Gar. 172,19.: Se fussiez autre, foi que dois Saint-Denis, O mon barnage me fuisse léans mis. 186,6.: Se il seussent que ensi avenist, Aincois l'eussent destranchié et ocis. — Auch im Nebensatz erscheint die zusammengesetzte Form des Conj. Pqpf.

3. Conj. Pqpf. in Haupt- und Nebensatz:
HdB. 57,18.: Se bien l'éust ataint du branc letré Ja l'éust mort et à se fin mené. 65,23. 66,34. Jord. 1951.: Se Dex n'eust l'anfant Jordain amé A cestui cop l'éust a mort livré, N'en poïst vivre mie. Alisc. 1240.: S'il eust a se feme consel troue, De neuf l'eust uestu et conrae. 1812. Gar. 114,5.: S'éussiez vous tout le monde en chief quis, N'eussiez tant de prodommes choisis.

II. Vollst. hyp. Sätze der Zeitsphäre der Gegenwart oder Zukunft.

Der Conj. Impf. steht in Haupt- und Nebensatz: si haberem-darem z. B.: HdB. 89,33.: Car, s'il fust vis, se me soit Dix edant, N'éusse pas, je cuit, tant de tormant. 149,11. 180,30. 213,1. 225,16. 236,3. 283,29. Am. 549.: Se je l'osaisse ne dire ne jehir Veoir l'alaisse volentiers, ce m'est vis, Le matin par som l'aube. 1411. 2115. 3330. Jord. 273.: Se il l'anfant volsist avoir rendu Le fil Girart que li serf ont vendu Delivrez fust a estrouz par celui. 614. 1413. 1445. 1446. 1451. 1555. 1696. 1944. 3345. 3878. 4026. Alisc. 505.: Se vous fussiez. IIII. jorz sejornez Ja me refusse as Sarrasins mellez Si m'en vengasse quar a tort sui navrez. 514. 2308. 2456. 2823. Aiol 1206.: Se il fust bien uestus et acesmes N'eust plus bel anfant en. X. chites. 1114. 2074.

III. Der Inhalt des Nebensatzes bezieht sich auf die Gegenwart, der Hauptsatz auf die Vergangenheit: si haberem-dedissem: im Nebensatz Conj. Impf. (= lat. Conj. Impf.), im Hauptsatz Conj. Pqpf. z. B.: HdB. 133,28.: Se cis provos pensast à mauvaisté Quant de ton cors li desis le bonté, S'il fust traîtres et plains de fauseté Oedon l'eust maintenant presenté Si en fussons honni et vergondé. 238,26.

IV. Der Inhalt des Nebensatzes bezieht sich auf die Vergangenheit, der Hauptsatz auf Gegenwart oder Zukunft: si habuissem-darem: im Nebensatz findet sich der Conj. Pqpf., im Hauptsatz der Conj. Impf. z. B.: HdB. 194,11. Che fust damaiges se l'éusse tué. Jord. 3298.: Se Jordains fust iluec plus demorez Tost éust dammaige. Alisc. 1812.: S'eust Guillames sa compaigne amenée... Cist gougléor fuissent à l'asaulée Mainte viele i éust atemprée. Gar. 2,13.: .... Et li clergies si en fu enrichis Qu'en deust Gaule estre misse a declin Se Dame-Dix conseil n'i eust pris. 124,12. 160,8.: Se autretant voire m'eusses dit, A Saint Omer quant venistes a mi, Li mariages ne poïst avenir. Aiol 2281. — In den bisher besprochenen hypothetischen Sätzen war der Bedingungssatz stets durch se eingeleitet.

Die Bedingung kann auch in anderer Weise ausgedrückt sein: a) Den Bedingungssatz eröffnet das conditionale Pronomen qui = lat. si quis. Zum Ausdruck des hypoth. Verhältnisses der Unwirklichkeit wird der Conj. Impf. oder das Condit gebraucht, z. B.: HdB. 94,15.: Et si te di por voir et sans fauser Qui i peust aler à sauveté En .XV. jours i venroit. Am. 3210.: Qui lors velst dedens la chambre entrer Serjans, borjois ... De grant merveille li poïst ramembrer. 185. 1942. 3382. (o. Folges.). Aiol 2013.: Qni la uelst le cors de la mescine Et la car blancoier, le bouce rire, Ja mais ne li menbrast de couardise. 2110. Alisc. 134. Gar. 12,5. 174,11. Das Subject des Relativsatzes ist von dem des Hauptsatzes verschieden (Diez III. 384): Jord. 1732: Si liés ne fuisse qui me donnast Paris. Am. 1554. Aiol 1291. (mit Cond.) 726. 2108. Beispiele mit dem Ind. (beim realen Fall) bzw. mit dem Condit., welch letzteres für den Conj. Impf. eingetreten ist, sind: Jord. 153: Qui bien weult l'aubre nfoler et destruire, Se par dedenz n'en coppe la racinne Sachiez de voir, les branches enracinnent. Aiol 2628 (Futur). – Aiol 726: Qui me donroit des neuues .I. caree, Ne donroie la moie, car mout m'agree. 2615: Qui naures en seroit, ne poroit uiure. Jord. 1643. Qui weist auf eine bestimmte Person hin, steht nicht in der allgemeinen Bedeutung si quis: HdB. 272,8.: .. Nous faisons grant folie Qui cevauçons se fust l'aube esclarcie.

b) Die Bedingung liegt in einem Wunschsatz: HdB. 147,30.: Hé, sire Diex, dist Hues le membrés, Car fust or chi Karlemaines li ber, Nus et descaus et s'espée a son les, Si verroit jà ù je doi asanler. Jord. 413: Car pléust Deu, qui forma tout le mont Que je volaisse ausiz com uns faucons De ceste chartre où je sui en prison, S'en fust li plais tout droit a Monloon. 633: Cest dammoisel me volsissiez tuer Or et argent voz donroie à plente. 682: Li fiz Girart dust or iestre tuez, S'iert finée la guerre.

c) Ein negierter Hauptsatz im Conj. Impf. mit nachgestelltem Subject enthält die Bedingung, die an den Folgesatz angereiht ist oder ihm vorausgeht. Dies ist heute nur noch beim Conj. Pqpf. oder Ind. Impf. möglich: Lücking § 297[5]. Z. B.: HdB. 90,10: Nous éussons perdu no casement Ne fust dus Nales qui le poil a ferrant 104,6. Am. 3404. Alisc. 151: Ja chaïst jus, ne fuisent li estrier. 1568. Aiol 125: Nous fussiens piech 'a mort, ne fust l'ermites. Gar. 111,4: Bien lor allast, ne fust li rois Thierris. 140,5. Der Bedingungssatz geht dem Folgesatz voraus: Am. 1581: Ne fust l'aubers qui iert fors et treslis, Tout l'éust mort li cuivers maleïs. Alisc 2650. Aiol 599.

d) **Ein Zeitsatz mit quant enthält die Bedingung**: es liegt stets der lat. erste Fall vor, z. B.: Am. 1063. 2176. usw. Jord. 71. 444. 474. Aiol 183. 194. Alisc. 148. usw. —
α) Ein dem Bedingungssatz nachfolgender Zeitsatz mit quant, der ein unerwartetes Ereignis erzählt, enthält eine negative Bedingung: HdB. 6.22: Si l'éust mort, de vreté le saohiés, Ouant li sains angles i dessendi du ciel. 39,8. 133,22. 250,33. Am. 2449: Ja li eussent bele chose donne.... Quant Lubias i fist son ban crier. 2568. Jord. 325: Ja l'an mennissent quant uns haus hom i cort. Alisc. 1042. 1085. 2803. Gar. 39,10: Mors les eussent quant li bers Saint Lous vint. 126,8.

e) Eine neg. Bedingung drückt ein nachgestellter Hauptsatz mit mais aus: Jord. 3352: Moult li éust grant richesce donnée.... Mais elle dist: c'est parole gastée.... Alisc. 1270: Ja referist mais li quens se hasts. 1557. Verderbt und unklar ist 1263: Mors fust li quens, mais fors dou cief torna Et nostre Sires ki le baron tensa.

f) **Ein mit mais que eingeleiteter nachfolgender Wunschsatz enthält eine nachträgliche, einschränkende Bedingung**: HdB. 62,14: Anchois clain cuite me part de paradis Mais que de mort soit cuites Huelins. 61,6. 107,19. 110,4. 145,27. 192,9. 245,20. (= vorausgesetzt dass.) Am. 1986: Volentiers, Sire, mais que séure fuisse, S'en vostre lit anquenuit me géusse, Que n'i fust mise la vostre espee nue. 2854. Alisc. 2921: N'en quir avoir vaillissant une aillie, Ains m'en irai povre, lasse, mendie, Mais k'à mon pere soit l'acorde otroïe. Gar. 47,3: Et cil respont, volentiers le fera, Mais que il sache quel part il tornera. Statt des Conj. des Wunsches tritt auch hier, aber nur vereinzelt, der Modus der directen Aufforderung ein: HdB. 68.11: Et je claim cuite le fief de vo cité Mais que mon frere Gerardin le donnés. 205,1 (faites.) Eine nachträgliche, einschränkende Bedingung ist durch mais se eingeleitet (= ausser wenn): Alisc. 1156: ...Mais se ten Dieu voloies relenquir. Einen leichten Gegensatz, einen beschränkenden Zusatz stellt mais que mit dem Ind. dar, z. B.: HdB. 191,3: Gros fu et cras parcreus et mollés Mais c'un petit estoit descoulorés De la grant cartre ù il avoit esté. Am 831.

g) **Die Bedingung ist eingeleitet durch: par si que; par tel convent que und par convenent itel:** Par si que ist mit dem Conj. des Wunsches verbunden: HdH. 92,11: Pais en fu faite et s'en fui acordés Par si c'alaisse au Sepucre outre mer. Par tel convent und par convenent itel haben nur dann den Conj. nach sich, wenn der Wunsch besonders hervortritt. Unsere Schriftsteller wenden das Futur bzw. Cond. an: HdB. 211,29. 214,11. und 222,2,5. Am. 1784. Vgl. Kroll. p. 34 und Klapp. p. 44.

h) **Ein Infinitiv oder ein Imperativ vertritt den Bedingungssatz:** HdB. 55,31: Mix li venist tous cois avoir esté. Auch ein substantivierter Inf. z. B.: HdB. 172,19: Que vauroit li celer? usw. Namentlich auch der Inf. mit por: HdB. 146,4: Car ne lairoie, por les membres coper, Que jou ne voise le gaiant esgarder. Am. 1606. 1912 usw. Jord. 81. 234 usw. — Dsgl. ein Imperativ: Aiol 330: Ne pren a mauais home acointement, Tost en aroics honte mien ensient. Am. 682. 3169.

i) Dsgl. **ein mit por verbundenes Substantiv**: HdB. 49,18: Nes aproçast pour tout l'or d'un païs. 121,24. 211,24. 236,4. 284,2. Am. 736: Por trestout l'or de la crestienté Ne feroit il vers moi desloiauté. 2874. Jord.: 476: .. Ne parleroient por tout l'or que Dex fist 842. 884. 1609. 2085. 2477. Aliso. 533: ... Ne fust si liez por .XIIII. citez. 1040. 1203. Aiol 1853. 2193. 2961. Gar. 101,16.

k) Dsgl. **ein Adverb wie z. B. autrement**: Alisc. 1940: Ja autrement n'ert ceste ovre furnie.

B. **UNVOLLSTÄNDIGE HYP. SÄTZE IM CONJ. IMPF. BZW. PQPF.**

I. **Der Folgesatz wird durch com oder que angedeutet:**

Dem vergleichenden com oder que geht ein Adv. wie ensement bzw. ein Comparativ voraus.

1) com: HdB. 151,19: ... nus ne puet le hauberc endosser S'il n'est preudons et sans pecié mortel, Et nós et purs con s'il fust noviax nés. 272,8: ... Nous faisons grant folie Qui cevauçons se fust l'aube esclarcie. (se = com se, vgl. Klapp. p. 25). Jord. 2034 (autressi com se). 2249. 3834 (Pqpf). Aiol 2169: Autressi se contient con s'il fust pris Alisc. 526: Ausi l'entent com s'il fust hom senez. 530. Gar. 33,2: Enmi le fil d'esve si a choisi Une crois noire qui contremont s'en vint Tot ensement com se l'on la tresist. — Anstatt des

Conj. steht der Ind. Impf. Jord. 976: En tel maniere com s'estiioz messaige. 1360. — Das die Bedingung einleitende se fehlt mitunter z. B.: Aiol 244: ...Et uous seres ber larges, boins uiuendiers, Autressi con .o. mars uous eussies.
 2) que: Alisc. 2905: Toute la sale fu si coie et serie ke s'on éust la mosse commenchie. Gar. 98,16: Micus devons faire que se il fust ici. Wie nach com so fällt auch nach que die Partikel bisweilen weg (que = que se) HdB. 230,19: Se lance brise, plus n'i a conquesté Ne tant ne quant n'a l'enfant remué, Nient plus q'éust à une tour hurté. Alisc. 1024. Vgl. Quiehl p. 40, Bisch. p. 117, Nebl. p. 29. — Auch das Nfr. wendet hier wie das Afr. die im Conditionalsatz der Unwirklichkeit üblichen Tempora an. (Lücking § 297 Anm. 2).

II. Der Folgesatz ist weggefallen, die Bedingung drückt einen unerfüllbaren Wunsch aus:

HdB. 288,33: Çou est Gerars que Dix puist oraventer. Mes freres est, s'il éust loiauté, Mais il est faus et de grant cruauté. Am. 607: Li cuens Amiles fu moult gentiz et ber, S'il se poïst de Hardré delivrer! Gar. 59,12: Eh Diex! ques hons, se il peust durer! Der mit qui = lat. si quis eingeleitete Wunsch blasst zu formelhaftem Ausruf ab: HdB. 98,11: Qui dont veïst et plovoir et venter. 122,4. 202,24. 219,8,15. 233,12. Vgl. Quiehl p. 42, Bisch. p. 123, Kroll. p. 41.

III. Die Bedingung ist ausgelassen:

Die Folgesätze drücken eine bescheidene Behauptung, einen Ausruf, eine Aufforderung in der Vergangenheit, ähnlich dem lat. Conj. hortativus, aus. — Neben dem Conj. Impf. versieht schon das Cond. diese Function, welch letzteres heute allein gebräuchlich ist. — Z. B. HdB. 41,13: Ains m'en fuïsse, certes, en Oriant K'à vostre cort m'en venisse fuiant. 284,5. 284,29: Voir, mix amaise, .I. puing avoir copé. 281,6. 284,3. 210,31: Ne s'i tenist .I. grans oisax volant. 176,5. 284,2. Am. 967: ...Par mesproison ne l'en éust feru. 1524. 2590: Je voz éusse une bierre coupée, Portissienz voz par estranges contrées: Jord. 1258: Il s'apansa d'unne voisdie grant, Clerc ne prouvoire ne l'alaissent pensant. 825. 2487. 3262: Car tex poïst esmouvoir la folie Qu'il en perdist le chief desouz l'oïe. — Alisc. 138: N'i convenist Rollant ne Olivier. 329: De la meneur morust .I. fort ronchin. 480: Li plus hardis n'i vousist estre mie. — Alisc. 746: A tos jors mais en fuisse plus joians. 2653. 2691. Eine leichte Änderung izt wohl vorzunehmen Alisc. 1678: Ja n'en lessastes (lies lessasses wegen soffrisses) paiens noz genz mener Ne a tel honte batre ne devorer. Ja nes soffrisses si pres de toi mener. – Gar. 132,13: Car volentiers li tollist il le chief. 126,5. 146,2. 176,11. – Der Folgesatz zeigt relativische Form: HdB. 151,25: Et por che di ge li hons n'est mie nés Qui le peust, par mon chief endosser. 160,25. usw. 98,19: Qu'il encontrerent une riviere tel C'on i peust grant navie mener. 58,9. 113,7 usw. 139,16: Car je voi là une tor haute et grant U nous fusons moult bien venu atans. usw. 185,11: Pain et car prent et viande à plenté Dont on peust .X. hommes conraer. – Er schliesst sich an ein Verb der Aussage an: Am. 2909: Sire, il me dist, je ne'l voz quier celer Que voz deïsse et volsisse rouver... (p. 43). – Der Folgesatz wird zum Ausruf, der Bewunderung und dgl. ausdrückt: HdB. 284,28: Dix! quel consel vous eussiés donné! Aiol 763: Dieus, si lie en fuisies, Auise mere! HdB. 239,33: Là veïssiés tant destrier sejorné Et tante lance et tant escu bouclé! 244,3. Am. 220: La veïssiez un estor si felon, Tant elme fraint et percié tant blazon.... 377. 3174. 3240. Jord. 208. 1056. 1501. 3977. Alisc. 47. 50. 55. 249. Gar. 26,5: La oïssiez grant noise a l'assembler, Escous porcier... 3,5. Mit pooir: Gar. 84,7: La poïssiez veoir maint garnement.. 91,4,18. 95,3. Am. 3240. Der Folgesatz nimmt den Sinn eines lat. Conj. hortativus der Vergangenheit an (vgl. p. 7). Den dort angegebenen Beispielen fügen wir noch einige hinzu: Am. 135: Si m'aït dex, ne faz pas que cortois Qu'assener voz deusse. Jord. 3377: Je deusse iestre noïe et affinee. In der 2. Person: Aiol 1102: Ancois le deusies o uous mener Et por dieu herbergier et osteler. In der 3. Person: HdB. 284,3: Car je cuidaise, se me puist Dix salver, Li .C. diable m'en deussent porter. Der Folgesatz hat relativische Form: Am. 2444: Celle me faut qui me déust amer. Jord. 3675. Alisc. 878. 2481. Gar. 4,12: ... Car es moustiers font les chevaus gesir, Ou Diex de gloire deust estre servis.

Dem verneinten Folgesatz folgt ein Zeitsatz mit quant oder que, dem rel. Adv. Der Dichter gibt damit seiner Schilderung mehr Lebhaftigkeit, malt die rasche Folge der Ereignisse: HdB. 99,5: N'alissiés mie le trait à ·I. archier Quant il ne virent ne vile ne clokier. 107,28. 131,24. 160,21. 178,29: On n'eust mie demie lieue ale Quant tous les orent ochis et decope. HdB. 122,5: On n'éust mie demie lieue alé Qu'il en i ot IIII C C. asanblés. – Es seien hier im Gegensatz zu den angeführten Stellen, die den Conj. zeigen, einige erwähnt, wo sich das

Cond. in derselben Verwendung findet. (Lücking § 297.3). Z. B.: Am. 797: Sire, dist elle, mal feriez et peohie! 1989. 2871. 2916. 2931. Jord. 314. 417. 847. 946. 2564. Gar. 100,16: A grant dolor les verriez ja morir. Das Cond. findet sich auch wie im Nfr. in bescheidenen Fragen: Gar. 70,15: Je que diroie ne conteroie ci? 111,3: Que vous diroie? mort furent Sarrasin. Alisc. 2695.

C. HYP. SÄTZE MIT VERSCHIEDENEM MODUS.

Die Bedingung ist nicht erfüllbar oder unerfüllt geblieben; der Hauptsatz im Ind. Prs., Impf., Pf., Fut. fasst dann die Folge als Thatsache, die eintritt, eingetreten ist, oder eintreten wird (Bisch. p. 118), im Cond. jedoch als zweifelhaft auf.

1) Der Conj. Impf. und das Cond., das oft für den Conj. Impf. eingetreten ist: die Übergangsstufe zur neueren Construction, welche letztere auch in unsern Denkmälern schon häufig verwendet wird und noch heute massgebend ist. Z. B.: HdB. 109,34: Que, se tout chil qui sont de mere né Et tot li mort fusent resusité Si fusent chi venu et asanblé Si renderoit ohis hanas vin asés. 94,15 (qui = si quis) 140,6. 189,11. 272,14. Jord. 1222: S'il polst iestre sor le fust en oouchant, Bien le porroit Dex maitre a garant En tel oontrée où auroit honor grant. Aiol 111: S'eussies mon ceual et trestoutes mes armes Encore uous aidroit dieus li esperitables. 2428. Gar. 113,6: Diex, dist li peres, com plus serois garis, S'eust mari Blancheflors au cler vis! Neben dem Conj. Impf. tritt der Ind. Impf. im Bedingungssatz auf: HdB. 216,28: Se tu voloies aveuc moi demorer et si vausisses ce fardelet porter Jou te vauroie sur ma foi aviser .... 118,24.

2) Der Conj. Impf. und das hist. Perfect: HdB. 116,3: Je neu osai en grant estres entrer Se ne l'eusse par avant esprouvé. Jord. 3394: S'or le séust la pucelle honorée N'ot onques si grant joie. Gar. 100,1: Se Dieu créussent qui en la crois fu mis Plus bele gent onques nus hons ne vit.

3) Conj. Impf. und Futur: HdB. 67,28: Si me priaissent trestout por Huelin Nen ferai jou por homme qui soit vis.

4) Conj. Pqpf. und Cond.: Die eine der beiden Bedingungen zeigt den Ind. Pqpf.: Aiol 2428: S'or fuisies issus la fors el camp Et se pris uous auoient li souduiant Ochire nous poroient de maintenant. Alisc. 456. — Die Verschiedenheit des Modus im Bedingungs- und Folgesatz beruht sehr häufig auf dem

wünschenden Inhalt des einen Teiles z. B.: Jord. 1560: Car éust ores là defors maintenant A celle porte de chevaliers cinq cens S'esprouveroic que j'ai de hardement. 682. 685. 1634 und umgekehrt: Am. 755. Jord. 300. 349. 1204. Alisc. 1154: Se dou tort fait ne vos fas repentir, Jamais roiaume ne puisse jou tenir. — Ist der Folgesatz ein abhängiger Satz im Conj., und es wird eine Bedingung im Ind. hinzugefügt, so entstehen auch hypoth. Sätze mit beiden Moden: HdB. 151,14: Il n'est nus hom qui de mere soit ne, Se il pooit ens le kavece entrer, Qui ja par armes péust estre matés. usw.

D. HYP. SÄTZE IM INDICATIV.

Sie umfassen den sog. realen Fall, den als möglich gedachten und einen Teil des 3. lat. Falles.

1) **Ind. Prs. in Haupt- und Nebensatz oder Imp. im Hauptsatz:** HdB. 191,17. Am. 660. 680. 1384. 1757. — 249. 432. 676. 740. Jord. 67. 161. 294. — 86. 1034. 1035. Aiol 159. — 171. 174. 175. 534. Alisc. 131. 241. — 157. 405. Gar. 95.6 usw. In dieser wie in der folgenden Gruppe wird eine Annahme als Thatsache hingestellt und eine Folgerung gezogen, daher der Ind.

2) **Ind. Prs. und Futur:** HdB. 137,11. 170,22. 171,15. Am. 196. 493. 522. 596. 704. 752. Jord. 73. 216. 291. 361. 547. 686. 790. Aiol 119. 206. 710. 1106. 1972. Gar. 141,1,4. usw.

3) **Bedingungssatz im Impf., Folgesatz im Prs., Imp., Futur:** drückt noch heute einen möglichen Fall aus: vgl. Lücking § 298[1] und auch Bisch. p. 121. — HdB. 190,26. 191,18,33. Am. 1201: .. Se ne'l faisoie, je sui sans garison. Jord. 156. Am. 2888: Se g'en devoie touz les jors de ma vie Aler rouvant mon pain par abeïes Et delaissier toute ma manaudie, S'iert t'i santez porquise. Aiol 1975: .. Par le mien ensiant n'en ira pies, S'il estoient ensamble .XV. millier.

4) **Prs. (Imp) und Cond.** bezeichnet die Bedingung als angenommene Thatsache, die Folge dagegen als zweifelhaft: Am. 2405: Se vos le faitez ainsiz com l'avez dit, Que le gietez dou regne et dou païs ... Je vos donroie mon murlet arrabi Aiol 2437: Car se Jesus me done ... Et je truis ... Ne lairoie ... Jord. 1481: Mais par Jhesu li donnez uns conrois; Jusqu'à un an ou à douz ou à trois Touz ses services aprestez vos seroit.

5) **Impf. und Cond.** ist die noch heute gültige Construciton, die sich durch die Zwischenstufe: Conj. Impf. mit

Cond. aus dem 3. lat. Fall der Zeitsphäre der Gegenwart entwickelt hat. HdB. 5,33: S'il le pooit conquerre au branc d'achier Il me lairoit em pais mes iretés. 6,13. 117,12. 190,18. Am. 362. 790. 1108. 2633. 2805. 2839. 2855. Jord. 87. 106. 402. 1472. 1890. Alis. 372: Se n'en avoie reproce de Mahon Ja l'averoie tué à .I. baston. 1683. Aiol 128: „... S'aucnoit que bataille eust furnie Et dieus li donoit faire ceualerie Se l'ameroit li rois et la roine." 140. 200. 339. 1656. 1776. 1793. 2485. 2587. 2729. Wie die soeben besprochene, so ist auch die folgende Construction das Ergebnis einer ähnlichen Entwickelung. Beispiele zeigen neben dem Conj. Pqpf. den jüngeren Ind. Pqpf. im Bedingungssatze.

6) Pqpf. im Nebensatz und Cond. im Hauptsatz: Aiol 2428: S'or fuisies issus la fors el camp Et se pris uous auoient li souduiant Oohire uous poroient de maintenant. Aliso. 456: Se ceste gens aviens resortie Et nos la marche dela eusens saisie Jamais de nos n'averoient baillie. Alisc. 1182: Se à Orenge l'en avoie mené Je nel rendroie por tote m'ireté. 1944.

7) Das Cond. findet sich selten in beiden Sätzen zugleich: Am. 949: S'esteroit més de Paris envoiez Qui deïst chose.... Je m'en voldroie par ma foi repairier. Nicht selten aber ist es in Bedingungssätzen, die durch Qui eingeleitet sind. Vgl. p. 50.

8) Alleinstehend ist überhaupt im Afr. und Nfr. die Erscheinung des Futurs nach se; der Hauptsatz zeigt alsdann auch dieses Tempus: Aiol 9278: Se nous a Tornebrie poromes paruenir Al fort roi Grasien qui preus est et gentis, Par lui les porons bien de la mort garantir. Vgl. Lücking § 299 Anm.

E. DIE VERBINDUNG VON BEDINGUNGSSÄTZEN.

Während das Nfr. nur zwei Arten der Aneinanderreihung von Bedingungen kennt: die Wiederholung der Conjunction oder den Ersatz derselben durch que mit dem Conj., so dass der Satz concessiven Character erhält, zeigt die alte Sprache ein mannigfaltigeres Bild. Zu den Möglichkeiten, die das Nfr. bewahrt hat, kamen im Afr. noch die, dass Bedingungen auch ohne Wiederholung der Conjunction si ohne weiteres oder aber mit Verwandlung des Ind. in den Conj. concessivus ohne

que zusammengefügt wurden. — Stellvertretendes que kennen schon die Dichter des Huon de Bordeaux und des Aiol. — Wann jedoch eine Wiederholung der Conjunction und wann eine solche nicht statt hat, ist schwer zu entscheiden, da auch der nfr. Sprachgebrauch schwankt. (Vgl. Lücking § 562 Anm.). Wir geben daher nur einige Beispiele:
 1) **Die Conjunction se wird wiederholt:** Am. 115. 1052: Dex ne fist home qui de mere soit nés, Se l'uns de noz a en un lieu esté, Se l'autre i vient, que ja soit avisez. 2837. 2852: Se je savoie nulle riens porpanser S'on me devoit trestout desheriter, Mais que santé voz poïsse donner, Tost le feroie... — 3329: Se nostres sires, cui fu ceste citez, Ne fust meziaus et dou siecle gietez, Se il fust sains et en itel ae,.... De l'un de voz deïsse par verte.... Ce fust Amis de Blaivies la cité. — Die Modus der Bedingungssätze sind verschieden: HdB. 216,28: Se tu voloies aveuc moi demorer Et si vausisses ce fardelet porter, Jou te vauroie sur ma foi afier.... Aiol 2428: S'or fuisies issus la fors el camp Et se pris uous auoient li souduiant, Oohire uous poroient de maintenant.
 2) **Se wird nicht wiederholt:** HdB. 43,32: Et sc tu es ne vencus ne maumis, Et Damedix veut tel tort consentir Honnis soit Karles li rois.. 6,12. 70,12. 97,2. 235,20. 292,32. 307,32. Am. 3048: „Biaus sire Ami, or poez bien lever, Se par tel chose puet vostre cors saner Et Dex de gloire voz weult santé donner. Die Conjunction ist bei der 2. Bedingung ausgelassen, dann aber wieder aufgenommen: 2859: Se voz osoie ma parole conter Et voliiez otroier et graer, Se voz volez, bien me poez saner... — Jord. 913: S'or ne s'en weult ma mere desraisnier Et n'en desdist le felon losengier, Ja mais nul jor n'averai mon cuer lié. Aiol 129: S'auenoit que bataille eust furnie Et dieus li donoit faire ceualerie Se l'ameroit li rois et la roine.
 3) **Se ist ausgelassen, der 2. Bedingungssatz zeigt den Conj.:** HdB. 118,24: S'on le savoit et fuisiés avisés, on vous feroit tous les membres coper. Am. 2805:.... Que, s'il voloit ses anfans decoler Ses douz biaus fiz, que il puet tant amer, Et fe feïst dou sanc ton cors laver, Ainsiz porroiez garir et respasser... Alisc. 456: Se ceste gent aviens resortie Et nos la marche delà eusens saisie, Jamais de nos n'averoient baillie.
 4) **Der 2. Bedingungssatz ist durch que eingeleitet und zeigt den Conj.** Die Sätze sind alsdann teils mit et teils nicht verbunden. Z. B.: HdB. 246,10: S'il a mesfait qu'il le veule amender, Rendés li, sire, toutes ses iretés... Aiol 985: Il nen a sous siel home de mere ne, Tant soit iouenes et fors

et adures, S'estoit en autre tere escaitiues Qu'il fust poures de dras et desnues Que ne soit laidengies et mout gabes Et qu'il ne soit tenus en grant uieute. 1089: Cascuns se deueroit bien porpenser Que il n'a .I. tout seul en ces resne, Tant soit et fors et iouenes li bachelers, S'ert ore en autre tere escaitiues Qu'il fust poures de dras et desnues, S'il s'ooit laidengier et si blamer, Ne fust ia plus honteus et abosmes Courechous ct dolans et aires. 1644. — HdB. 43,12 : .. Et se tu es ne vencus ne maumis Et Diex voloit tel cose consentir, Et ke je puisse mais à Cluigni venir Je batrai tant saint Pierre . . . 71,18.